# 劍膽詩心 辛棄疾

## 從壯志凌雲到退隱山林，學家的豪情與嘆息

趙林雲 著

抗金名將 × 詞壇巨龍 × 稼軒居士

一個勵精圖治、決意北伐的志士從南宋的官場遁世隱去；
而一個名垂千古的偉大詞人卻厚積薄發，橫空出世！

那些年裡，無論身居何位，走到哪裡，
不管狂放高歌，還是踽踽獨行，有一件事他始終沒有忘記，
有一個夙願一直在他心裡沉積與發酵，
那就是趕走入侵的金軍，統一祖國的河山。
然而，他一次次憑欄遠眺，拍遍了無數欄杆，面向北方，
無限的豪情只能化為聲聲催人淚下的長嘆……

# 目錄

# 目錄

# 第一章
## 降生濟南府　國破故園殤

# 第一章　降生濟南府 國破故園殤

　　中華民族發祥於黃河流域，也在此不斷繁衍，形成相對穩定的疆土和族群。然而，在中國北方，卻相繼出現過眾多以游牧或漁獵為主要生活方式的少數民族，他們互相交叉、滲透、影響與變遷，你爭我奪，彼此消長。他們偶爾也會南下，擾掠中原，對漢民族的統治和版圖形成程度不同的侵蝕。秦漢以降，魏晉南北朝中，北朝的五個國家都是少數民族政權。唐宋之間的五代十國裡，後唐、後晉與後漢也都屬於少數民族政權。到了元朝和清朝，少數民族乾脆統一了全國。

　　在元和清之前，還有一個極為特殊的時代，漢人與少數民族各據南北，分而治之，這就是南宋和金朝。

　　靖康二年（西元一一二七年），宋徽宗、宋欽宗父子二人被俘後被金太宗貶為庶人，北宋滅亡。金軍在北宋都城東京（今河南開封）一帶大肆劫掠後，於當年三月立張邦昌為帝，國號「大楚」，然後分兩路北撤，一路押著徽宗、鄭皇后及親王、皇孫、駙馬、公主、妃嬪等，另一路押著欽宗、朱皇后、太子、宗室等。此外，被押解北上的，還有教坊樂工、技藝工匠、百姓男女共三千多人，並攜帶數不清的文典書籍、寶器法物。這就是歷史上著名的「靖康之恥」。

　　值得一提的是，後來成為南宋宰相的秦檜，也在被擄走的隊伍裡面。

金國扶植偽楚政權後，曾作為人質的康王趙構逃至應天府（今河南商丘），於當年五月初一在此即位，改元建炎，成了宋高宗，後定都臨安（今杭州），建立南宋王朝。

北宋滅亡後，朝廷南遷，山東全境淪陷於金國。南宋建炎二年（西元一一二八年），金兵南下時，河北人劉豫為濟南地方長官，看到北方大亂，本想逃往南方，被朝廷拒絕。後來金兵圍城時，劉豫投降金軍。南宋建炎四年（西元一一三〇年），金朝扶植他作為傀儡政權的頭目，封他為「大齊皇帝」，建都大名府（今河北大名縣）。之後劉豫派遣自己的兒子劉麟會合金軍渡淮南侵，但屢戰屢敗，招致金朝不滿。南宋紹興六年（西元一一三六年），劉豫又徵發中原民兵大舉侵宋，結果大敗，潰不成軍，傷亡極重，使得民怨沸騰，金朝只能將他廢為蜀王，偽齊政權也隨之消失。

當時，全國大約有一億人口，由於北方淪陷，大批宋人紛紛遷往南方，但仍然有很多人因為各種原因留在了北方金人統治之下。

濟南為歷史名城，因位於古代濟水之南而得名，南部為泰沂山脈。遙牆鎮在濟南東北不遠。北宋前期，濟南還屬京東路，治所仍在歷城，這也就是人們常說「先有歷城縣，後有濟南府」的來源。再早，漢代的濟南國位於東邊的章丘境內，一代梟雄曹操就做過濟南國相。後來，濟南從章丘向西

# 第一章　降生濟南府　國破故園殤

遷至歷城。遙牆鎮緊挨歷城，其商業和市井規模都遠超一般鄉鎮。

北宋時期，黃河從濟南北邊流淌而過。靖康之恥的第二年，也就是西元一一二八年，為抵禦金兵南下，守將杜充在滑州（今河南滑縣）人為決開黃河堤防，造成黃河大改道，下游由原來的東北向轉為東南向，入海口也由原來山東的渤海改為江蘇的黃海。然而，這一舉動不僅沒能阻止金軍，還導致數十萬當地百姓被淹死。一個衰落的朝代，大片地區淪陷，似乎連黃河這樣的大河都悲傷地棄之而去。

遙牆鎮四風閘村位於歷城東三十里處，地處小清河畔，一馬平川，風光秀美，原名四橫閘，因建有四個閘口而得名，後沿稱四風閘。村裡有始建於北魏時期的龍泉寺，寺內香火旺盛，有兩棵高大的古銀杏樹。

四風閘村的辛家早年間從西北遷移而來，經過一百三十多年的繁衍生息，已經成為這裡的一大望族。生於宋真宗景德年間（西元一〇〇五年左右）的辛維葉，為隋朝司隸大夫辛公義之子辛亮的十八世孫，自甘肅狄道（今甘肅臨洮縣）始遷濟南，官至大理評事，相當於後來的八品承事郎，是為濟南辛氏始祖，經過五代傳至辛棄疾。二世辛師，官至儒林郎，正九品上。三世辛寂，為濱州司理參軍，官至正七品，其於宋哲宗元祐五年（西元一〇九〇年）前後生子辛贊，後

辛贊又生子辛文郁，也就是辛棄疾的父親。

　　辛家自遷入濟南地區以來，家族人丁興旺，規模不斷擴大，開枝散葉，自然形成了一個較為龐大的家族，人口達到數百近千。族中子弟外出為官或者經商，卻也不將家庭遷出，他們的妻妾、兒女大多留守故鄉，習慣於倚門遙望他鄉漂泊的丈夫或父親。而那些在外的男子們最終還是依據古老華夏的習俗，在垂垂老去的年齡回到魂牽夢縈的故鄉。辛家得以有殷實的家產與良好的家風，親戚中不乏當地的名士，分散居住於歷城和遙牆鎮，彼此有著緊密的聯繫，在濟南當地頗具名望。

　　然而，這種平靜的生活，到北宋末年，被不斷南侵的金人打破。靖康之變後，宋王朝面臨天崩地裂、傾覆存亡的危機，辛氏家族的子弟們從各地回到故鄉，召開家族會議，商量相應對策，決定家族命運下一步何去何從。擺在他們面前的是前所未有的險惡形勢：女真人在北方攻城陷地，俘虜了宋朝兩代皇帝，將宋高宗趙構趕往南方，占據了北方大部分地區，宣布所有人必須立即向新政權效忠，凡是敢於抵抗的人格殺勿論。這時候，每一個有家有室、有族有群的漢人都必須做出艱難的抉擇：是走還是留？是生或者死？每個人心中都做了無數次的盤算，這樣的關頭讓他們無比徬徨。

　　辛贊北宋時曾中過進士並擔任官職，金兵入侵時，因考

# 第一章　降生濟南府 國破故園殤

慮到父母年長和龐大家族的利益，加上對故土的摯愛與留戀，沒有隨朝廷南移。

　　山東被金軍占領以後，先後受金人撻懶和偽齊統治。偽齊時期，劉豫幾次派人請辛贊出仕，都被他拒絕。偽齊政權垮臺後，金人慕其名望，又多次登門邀請他入仕金朝政權，威逼利誘的手段盡數使出。辛贊當時有四十多歲，考慮到家族的生存，迫不得已開始在金朝做官。

　　正像那些曾經在異族統治下為官的人一樣，辛贊白天在官府內本本分分工作，每每回到家中，常會被內心的矛盾所困擾。南遷的朝廷裡主戰派與主和派不停角逐，此消彼長，中原子民剛開始還對南宋的北伐懷抱莫大期望，時間一長，種種跡像一點也沒顯示出朝廷北上的決心和舉動，慢慢也就開始失望。

　　因為連年戰亂，北方很多地方的村寨都有自己的武裝，遙牆鎮四風閘村也不例外。以辛家為主要成員的武裝人員多時能達到一千多人，一旦有什麼風吹草動，土匪盜賊過境或騷擾，他們可以迅速集結起來，保護族人生命和村寨安全。鑑於辛家在當地的影響和家族裡歷來就有習武練兵的傳統，四風閘村的這支武裝在當地遠近聞名，連濟南南部山區裡的響馬都懼之三分，金人地方政權自然也對之有所忌憚。

　　時間慢慢流轉，南北戰事稍息，有些階段看上去似乎彼

此相安無事。然而，歷史常常不會就那麼平庸前行，況且在當時的中國，身為亡國奴的屈辱和艱辛，始終沉重地壓抑在北方漢人的心上。

到了金天眷元年（西元一一三八年），辛贊被調任安徽亳州譙縣縣令，他只得告別家人南下，一去就是一年的時間，只在春節期間或者家裡有什麼大事才能回到家鄉。臨走之前，他主持了兒子辛文郁的婚事，將歷城另一望族王家的大小姐娶進家門，算是了卻一樁心事。看到兩個人卿卿我我、恩愛有加，做長輩的也算十分欣慰。兒子婚期過後不久，辛贊就啟程到亳州赴任。

辛文郁與王氏夫人屬於一見鍾情，感情甚篤，愛情花開，很快便結出豐碩果實。

金天眷三年（西元一一四〇年）五月十一日不到卯時，太陽還未升起，四風閘村東的辛家大院裡一片繁忙，丫鬟和僕人匆忙地出出進進，北廂房裡的燈已經點亮，接生婆在裡面靜候良久，院子裡站著不少人。辛文郁在母親房間裡陪老人說話，一家人都在焦急等待。離產期越來越近，夫人忽然感覺身體不適，請歷城知名郎中前來診視。從各種跡象看，很可能是個男孩，又說胎氣過盛，不太穩定，加上夫人體質比較柔弱，所以生產時要特別小心。

正因為此，臨近生產時，丈夫也捏了一把冷汗。

## 第一章　降生濟南府 國破故園殘

　　辛文郁是辛家這一門的長子，如果夫人真如郎中所言生出個男孩，辛家也算是後繼有人，好好培養，將來好為國出力，說不定還能為恢復大宋江山做出貢獻。想到此，辛文郁就更是多了幾分擔心；為了不讓母親憂慮，他只能佯作鎮定，陪著老人家東家長西家短地閒聊。

　　半個時辰過去，天漸漸亮了起來。忽然，屋子裡傳來「哇──」的一聲響亮啼哭，劃破最後的夜色，傳出去很高很遠，像是一聲嘹亮的歌唱，同時也像是向世界宣告他的到來。

　　辛家人臉上的表情一下子放鬆，掩不住喜悅之色。小公子的誕生給辛家帶來新的生機，連日一家人都欣喜不已。

　　喜添孫子的消息傳到安徽亳州，在那裡任譙縣縣令的辛贊高興得喝了一場酒。辛文郁和夫人請老父親為孩子取名，辛贊思忖再三，決定叫他棄疾。

　　古人為孩子取名習慣很多，也有一些忌諱，更有一些獨特智慧，比如雙關、諧音和寓意，比如正話正說與正話反說。正說不難理解，正話反說的例子倒也不少。像古早的臺灣，家裡為了想得到男孩，就替女孩取名叫招弟之類的。當然，這樣的名字多見於田間勞作之人和販夫走卒。對於官宦與大戶人家而言，名字的文化色彩自然必不可少，有時也追求直接樸素的願望表達，常常還暗含對孩子前途的期冀，希

望將來能長大成人並建功立業。

棄疾這個名字直率而寓意豐富。在農耕時代，能夠吃飽、無災無病，這是人們最基本、也是最大的願望。辛贊真心希望孫子能遠離疾病，健康成長。更重要的是，祝願他將來能像漢朝的霍去病一樣，成為可用之才，為國家棟梁。這名字很有可能還暗含另外一層意思，那就是當時的國家一分為二，是不是也算是重疾在身？如果是的話，那麼棄疾名字裡的這個「棄」，就應該有為國家袪除病症之意。

辛贊替孫子取名時必定想了很多，但有一點他可能不會想到，自己的孫子日後不但成為一位傳奇的愛國志士，同時還以偉大詩人的身分千古留名，不僅是在宋朝文學史，在整個中國文學史冊中都閃爍著耀眼光芒。

因為難產的原因，文郁夫人得了一場大病，診治休養月餘才漸漸好轉。

小棄疾乖巧可愛，睜著一雙好奇的大眼睛打量這個陌生的新世界。父母的呼喚和逗弄，自然界的風聲與雨聲，甚至院子裡貓狗的一舉一動，都會引起他濃厚的探索興趣。

金人的統治還在繼續，南宋的偏安一時也沒有明顯改觀，時間推移如天邊漫卷的白雲，有的消失，有的到來，有的時隱時現。

一年的時間很快過去，辛棄疾一週歲了。這天，父母

## 第一章　降生濟南府 國破故園殤

召集家人聚在一起，按照濟南的民間習俗，為他舉行抓周儀式。

一張寬大的涼蓆上，小棄疾坐在正中間，旁邊擺著筆、墨、紙、硯、算盤、錢幣、首飾、花朵、胭脂、吃食和其他一些玩具，大家頗為期待地要看看小傢夥到底對哪樣東西更感興趣。小棄疾甫一坐定，先睜大眼睛看看周邊圍了一圈的大人，似乎努力探究著他們眼神的深意。然後低頭看向身旁的物件時，一點都沒猶豫，一下就把那支毛筆緊抓在手裡，還用力地在蓆子上畫著，像是要迫不及待地書寫什麼。

父親和母親相視一笑，心裡頗多安慰。

但是，接下來的一幕使大家又有了新的收穫。

小棄疾左手握筆，又伸出右手，在那些物件中玩了一遍，似乎還不滿足，接著抬頭四處尋找，目光最後定格在遠處牆上懸掛的一把劍上。

那是辛文郁平時愛不釋手的佩劍，辛家一代代傳下來，一把產自河南古棠溪的寶劍。當年辛文郁成年時，辛贊將它親手交到兒子的手中，並囑他將來一定苦練武藝，以圖報效國家，為家族增光添彩。

剛開始，人們一下子還沒明白小棄疾的意思，以為他只是無意識地亂指一氣，但他的手一直舉在那裡，指向那把長劍不動，還目不轉睛地看著它。

辛文郁只得將那把劍從牆上輕輕取下，慢慢放到兒子跟前。小棄疾一下子就興奮起來，奮力爬向那把寶劍，一旦到手，便咧開嘴，大笑不止，發出響亮清脆的笑聲。

就在這時，從院子外面進來一位道士，看到正抱著寶劍笑個不停的辛家小公子，不由得在一旁感嘆道：「哎呀，這個孩子可是有龍虎之相啊！」

那位道士從函谷關而來，修行頗深，這次是被辛府專門請來做法事的。他的話讓人們的臉上流露出驚奇的表情，繼而都開心地笑了。

辛棄疾出生的第二年，南宋與金國簽訂紹興和議。此前，金兵南侵，南宋反攻，兩邊你來我往，各有勝負。就在岳飛率領岳家軍大舉收復失地之時，一心只想著保住皇帝寶座的宋高宗在秦檜的慫恿下放棄抵抗，召回岳飛，於紹興十一年（西元一一四一年）十一月，與金國議和。

讓人不解和難以接受的是，南宋承受的和議條件十分苛刻：兩國以西起大散關（位於陝西寶雞西南）東至淮河中游為界，南宋將唐州、鄧州以及商州、秦州的大半都割讓給金國。南宋每年還要進貢給金人歲銀二十五萬兩，絹二十五萬匹。每年春季的最後一個月，宋朝派人將這些物品送到淮北宋金邊境的泗州城。此外，南宋不得追趕從南宋逃跑到北方的人；反過來，南宋卻不能隱匿北方的逃跑者，必須將其引

# 第一章　降生濟南府 國破故園殤

渡給金國。和議還明文規定，南宋不得在邊境駐紮重兵。

　　本來，金國統治區的人民就備受盤剝欺凌，忍受著暗無天日的屈辱壓迫，而紹興和議的出籠意味著這種日子還要繼續下去，前不久剛剛被岳飛反攻成功激發出的希望轉瞬間灰飛煙滅，南宋收復故土的前景變得更加遙不可期。

　　百姓的痛苦始終是百姓的痛苦，而皇帝卻有著自己的想法與盤算。

　　宋高宗為了迎回自己的生母和已經去世的宋徽宗的靈柩，答應金國會殺掉岳飛。紹興十一年末的除夕夜，宋高宗趙構和秦檜以「莫須有」的罪名在杭州處死岳飛與其子岳雲、部將張憲。就這樣，以岳飛的千古冤案和一半宋朝子民的命運為代價，宋高宗的願望得以實現。他以迎接皇帝的隆重儀將他六十多歲的生母韋賢妃迎進臨安城（今杭州），而代表去世的宋徽宗的只是一具空棺，連殘骸都沒有。此外，還有一個宋欽宗，仍留在金人的手裡。

　　和北方大部分淪陷地區一樣，濟南人民也一直生活在金人統治的水深火熱中，儘管金人政權有明顯的漢化傾向，但金人處處刁難漢民的狀況絲毫沒有減輕。一旦遇到利益糾紛，金人就會對漢民大打出手，欺凌強迫。和窮困潦倒的生活相比，第二重艱難來自那種為人奴役的痛苦。所以，在北方很多地區，諸如山東、河北、陝西、河南等地，不斷有漢

民忍受不住金人欺壓，舉起抗金義旗。

在這樣的大環境下，辛贊身在金人的官場，別有一番為難與不易，既不能做有損大宋子民的事情，又要保持好一位知識分子的人格修養，他不得不盡力發揮聰明才智與金人官員虛與委蛇、設法周旋。

現在，辛贊和辛文郁父子二人又多了一項工作，就是對辛棄疾的養育和教導。

宋金時期，兒童的啟蒙教育大致分幾種形式，由富戶人家出資操辦的私塾，稱之為義塾。還有的私塾，會向來上學的孩子家裡收取一定的費用。個別大戶人家，則把先生請到家裡。辛家歷代為官，又慷慨大方，便出錢資助興辦了義塾，辛棄疾理所當然地被送到那裡讀書學習。

辛棄疾天資聰穎，勤奮好學，無論是《千字文》、《百家姓》，還是古典詩詞與經史子集，他都能過目不忘，認真研習。爺爺和父親還經常為他講述歷史上愛國志士的故事，像漢朝的霍去病、李廣，還有同時代堅決的抗金派李綱、宗澤和岳飛。

辛棄疾在家人的呵護和關懷下幸福成長，年齡稍長，家裡又請來專門的私塾先生，輔導他學習各種文化經典。父親辛文郁喜歡武術，就言傳身教，讓兒子從小便練習拳術套路。辛棄疾確實天分過人，小小的年紀，已能熟背數百首唐

# 第一章　降生濟南府　國破故園殤

詩宋詞，拳腳功夫的一招一式，也學得唯妙唯肖。

　　爺爺辛贊還在安徽亳州的譙縣任職，只有過年的時候才會回到濟南和家人團聚。他做官的目的本來就是為保護家人，所以一向小心翼翼，審時度勢，並仔細捕捉著金朝官場動向和金宋兩國關係的微妙變化。

　　辛文郁在金朝的濟南府裡也擔任著一個不大不小的官職，他雖然飽讀詩書，且有從政的才能，但比起讀書和做官，他更喜歡舞槍弄棒，遍訪名師，從而練得一身好武藝，在歷城一帶很有名氣。辛文郁身上頗有梁山好漢的遺風，喜歡打抱不平。特別是自山東淪陷於金人統治後，心懷報仇復國願望的辛文郁，面對南宋朝廷的軟弱常常恨其不爭，因而愁眉不展。

　　只有辛棄疾的聰明伶俐，還時常能為他帶來些許難得的快樂。

　　從濟南遙牆往西南二十餘公里，小清河北岸不遠，有一座不高的小山，叫華山，山雖不大名氣卻不小。華山古時稱華不注，意思是像一朵開在水中的花朵。古人謂之「不連丘陵以自高，孤峰特拔以刺天」，春秋時期齊晉之間的「鞌之戰」即發生於此。西元前五八九年，傲慢的齊頃公率軍在濟南北馬鞍山下與前來的晉軍決戰，結果出師不利，齊頃公被晉軍追逼，跑到華山腳下，「三周華不注」，幸得大臣逄

醜父與之更衣換位，始得逃脫。唐代大詩人李白曾專門寫過此山：「昔我游齊都，登華不注峰。茲山何峻拔，綠翠如芙蓉。」

古時，華山腳下的水面和大明湖都連在一起，茫茫無際。

父親辛文郁帶著辛棄疾來攀登華山，只見山上草木旺盛，藤蔓叢生，一條盤山小道直至峰頂。沒多久，辛棄疾已經氣喘吁吁。父親一邊鼓勵他，一邊沿途講解華山的歷史。陡峭的山路被甩在身後，山風徐徐吹來，不時有鳥兒飛過他們的頭頂。沒多久，他們就登上山頂。正是秋高氣爽時節，放眼望去，西南方向一大片水域廣闊悠遠，遠處的歷城歷歷在目，一片清麗的秋天景色在大地上鋪展開來，一行大雁正往南飛，來路的山坡上層林盡染，景色奇絕迷人。

沿著父親指的方向，辛棄疾看到，在華山東北方不遠，還有一座小山巍然屹立。父親告訴他，那就是臥牛山。臥牛山又叫九里山，山下也曾經是古戰場，「韓信破歷下，嘗駐於此」。濟南古稱歷下邑，楚漢相爭，劉邦得勢，但齊王田廣割據濟南，派兵守歷下抵禦漢兵。西元前二〇四年，劉邦一面派說客酈食其赴齊勸誘，一面派大將韓信從德州平原渡黃河屯兵臥牛山。齊王田廣受騙，撤去防禦歷下的兵士，韓信乘虛而入，齊王大敗，歷下遂歸於漢。

## 第一章　降生濟南府 國破故園殤

　　辛文郁有聲有色講著韓信如何攻破濟南的故事，辛棄疾聽得津津有味。講到最後，辛文郁不由得長嘆一聲，說道：「如今，這麼好的家鄉，這麼好的山河，卻都落在別人的手裡！」辛棄疾再抬頭看父親的臉，從那嚴肅的表情和犀利的目光裡讀到了憂傷和憤恨。

　　臨下山前，父親指著臥牛山下，頗有幾分神祕地對辛棄疾說：「你看到山下那片濃密的樹林了嗎？那是我常去的地方。」辛棄疾好奇地問道：「離家這麼遠，父親去那裡做什麼？」父親微微笑了笑，用一隻大手拍拍兒子的腦袋說：「孩子，等你長大了，就知道了！」這些遊覽經歷，讓辛棄疾對故鄉的山川感觸良多。

　　濟南位於魯中南低山丘陵和魯西北衝積平原之間，南邊就是泰沂山脈。濟南地貌屬於平緩的單斜構造，地勢南高北低，高低差達五百公尺，有利於地表水和地下水向城區匯集。

　　此外，在南部山區與城區之間，地下多為石灰岩結構，南部水源便不斷滲水到濟南城地下。而在濟南和北邊的小清河、大清河之間，地下為組織緊密的岩漿岩地質，地下水被阻斷攔蓄，便從地下縫隙中往上湧動，形成眾多上湧泉，造就了濟南泉城的美名。

　　濟南是歷史名城，又稱為泉城，從春秋戰國開始就以泉

水著稱。《左傳‧桓公十八年》載：「公會齊侯於濼。」兩千七百多年前，齊國和魯國因邊界爭執發生戰爭。西元前六九四年春天，魯桓公到齊國談判，與齊襄公在趵突泉見面。濼就是現今的趵突泉一帶。唐宋八大家中的曾鞏和蘇轍，都在濟南做過官，都寫詩讚頌過這裡的泉水。

除了趵突泉，濟南還有大明湖和千佛山。大明湖久負盛名，北魏地理學家酈道元在《水經注》裡就有記載：「其（濼）水北為大明湖，西即大明寺，寺東北兩面側湖。」古時南至濯纓湖，北至鵲山和華不注山，都是一望無際的湖水，湖闊數十里，平吞濟濼。六朝時，因湖內多生蓮荷，還被叫做蓮子湖，宋代時又有「西湖」之稱。宋時曾鞏曾有詩道：「問吾何處避炎蒸，十頃西湖照眼明。」

湖中的歷下亭歷史久遠，每到春夏之交，湖裡開滿荷花，荷田綿延不絕，李白、杜甫、蘇東坡都來過這裡，並留下不朽的詩作。而因為弟弟蘇轍的原因，蘇東坡來過不只一次。

千佛山屬於泰山餘脈，海拔兩百八十五公尺，古稱歷山，因山上有千佛寺而得名。相傳舜帝為民時，曾躬耕於此，所以也叫舜耕山。濟南有著名的「齊煙九點」之景，指的是在千佛山齊煙九點坊北望所見到的九座山頭，華山、臥牛山、北馬鞍山都在其中。沿千佛山石階往上，可見千佛

## 第一章　降生濟南府 國破故園殤

崖，多有隋代石佛，傳神動人。千佛崖下，還有黔婁洞。據傳，戰國時期齊國的隱士黔婁曾在此隱居多年。

爺爺辛贊和父親辛文郁不只一次帶著辛棄疾遊歷濟南城，觀覽這些名勝古蹟。趵突泉清澈無比的泉水，大明湖開闊的碧波和爭奇鬥豔的荷花，千佛山古老的傳說和佛像，都讓少年辛棄疾留下了深刻的印象。

這些遊覽的足跡再向東延伸，就會到章丘的百脈泉和龍山文化遺址。

章丘也是濟南的一部分，龍山文化和它的代表物品黑陶，都是這片土地上的驕傲。最讓人自豪的，是這裡出了女詞人李清照，早辛棄疾五十六年出生。李清照的很多詩，辛棄疾都能背誦，尤其是她的「生當作人傑，死亦為鬼雄。至今思項羽，不肯過江東」，鏗鏘的音節深深打動了辛棄疾幼小的心靈。他禁不住想，要是將來長大了也能做一個詩人該有多好？到那時候，自己不僅要在詩裡一展自己的宿願，也要努力做一個「人傑」，為重拾大宋江山有所貢獻。

在平陵古城，辛贊還講述了曹操的故事，講他偉大與奸詐的一面，講他和濟南國的關係，講述他的軍事思想和傳奇經歷。

這些美麗景色和傳奇人物，都在辛棄疾的心裡烙下深刻的印記，家鄉濟南也因之成為他永遠的熱愛與眷戀。

唯一遺憾的是，如此美麗的家鄉濟南，如今卻完全歸異國統治。這使得辛棄疾幼小的心靈一直潛藏著一種異樣情感。

# 第一章　降生濟南府 國破故園殤

# 第二章
## 父母英年逝 爺孫赴南方

## 第二章　父母英年逝 爺孫赴南方

環境腐敗，蚊蟲滋生。皇帝昏庸，壞人橫行。

紹興十七年（西元一一四七年）三月，受寵得勢的秦檜為斬草除根，密令手下爪牙，以宴請各路大將為名，用毒酒將抗金名將牛皋害死。牛皋是河南魯山人，南宋初年聚集民眾自發抗金，後加入岳家軍，頗受岳飛敬重，在對金作戰中屢建戰功。牛皋臨死前悲憤地說：「所恨的就是南北通和，使我不能馬革裹屍而死，而死在屋簷之下！」

牛皋死後，埋在杭州西湖棲霞嶺劍門關紫雲洞口，與岳飛墓遙遙相望。

這一年，辛棄疾剛好七歲，用現在的眼光來看，到了上小學的年齡。

一個人沒有家，就是一個沒有根的浪子；一個國家或地區一旦被殖民，那他的子民就必然成為二等公民，而南宋時期，中國北方的漢人就是如此。

當時在北方，金人對原宋朝子民的欺凌隨處可見。這種大面積、長時間的壓迫，很容易引發強烈的反抗。南宋成立以降，在金國統治的北方廣袤地區，經常爆發規模不等的起義，威脅金人的地方統治，齊魯大地自古多豪爽俠士，富於家國情懷，自然更不例外。

這些起義有時候是大批的農民聚集山林，有時候也以一些地方望族為骨幹，有的則是宋金戰爭中被金軍打敗的散兵

游勇。還有一些更小規模的反抗，來自最底層的民間村落，他們有時會藉機聚集一起，進行一些祕密的破壞行動，以打擊金人統治的基礎，然後又快速返回民間，隱匿於一般的順民中。在北方各地，許許多多反抗金國統治的組織和個體，以不同的形式聚合著、演變著，有的在悄悄積蓄力量。

這其中，濟南遙牆四風閘村的辛家就是一支不可忽視的潛在力量。辛家家族人數眾多，影響深廣，加上辛贊和辛文郁都在官府任職，不光在遙牆當地很有實力，在濟南府也有很高的知名度。

辛贊因為家族的牽累沒能隨大宋朝廷南下，辛文郁深受父親影響，年輕時就立下為大宋收復中原的理想。辛文郁雖然在金朝官府裡任職，但職位卑微，無心圖謀仕途發展，平時除了應付公差外，更多的時間是和家族裡的青壯年悄悄組織起一支相當規模的辛家軍，按照正規軍的方式進行操練，一旦遇到戰亂可以看家護院，保護村寨安全。同時，他們還在為另一個隱祕的心願默默等待機會。

遙牆西南不遠的臥牛山，偏僻幽靜，是辛家軍祕密練兵的地點。有時候一兩百人，有時候數百人，最多的能達到上千人。除了辛家和遙牆的青壯年外，附近一些反金豪俠志士也都慕名而來，加入辛家軍。

實際上，這種祕密操練已經在此進行好幾年了。平時，

## 第二章　父母英年逝 爺孫赴南方

人們將兵器藏在山上一個又寬又深的山洞裡，需要時再搬運出來。他們不光在此練習拳法和兵器，有時還重點演練各種用作陣地戰的兵陣。在辛文郁的心裡，有著比殺幾個金人更深遠的構想。

辛文郁長得頎偉英俊，性格剛烈，古道熱腸，屬於典型的山東大漢，他為人仗義疏財，樂於交友，平日裡也多有應酬來往。官府裡事情不多的時候，也常和親朋好友推杯換盞、暢談豪飲一番。

辛文郁還是一個不乏柔情的好父親，對兒子關愛有加，寄予厚望。每次從官府回到家中，特別是晚上喝點酒後，趁著酒力，他總是要先和兒子玩一下再去休息。有時不管兒子睡著了沒有，都要把他抱起來又摟又親，往往都是等到夫人輕聲嗔怪，才會住手。

辛文郁在對辛棄疾的教育上不敢有絲毫懈怠，只要一有閒暇，就會帶兒子四處遊走，講孔孟經典與名人志士故事，以期從小培養他忠君愛國的思想，長大後能滅金復國，揚眉吐氣。

但生活的變故總是突如其來，一個意外的事件改變了辛文郁的命運。

可能是金軍的嗅覺過於敏感，或者是有人告密請賞，也可能是辛家軍在那裡集訓時間過久，有一些蛛絲馬跡為外界

探知，終於有一天，辛文郁帶領族人在臥牛山祕密練兵的事情被金人發現。

那是夏末的一個黃昏，辛文郁和往常一樣，帶領辛家軍在臥牛山下苦練攻防陣法，上千名金軍步騎突然將那裡圍得水洩不通，辛家軍來不及撤離，只好正面迎敵。

南宋時期，在金人統治區域，一旦發現漢族民眾聚眾習武、演練、排兵布陣，官府往往按謀反罪處置，殺頭無疑。辛家族人為保證辛文郁的身分不被暴露，自覺組成作戰方隊，上前抵擋金兵，與之展開殊死搏鬥。但辛家軍畢竟不是正規部隊，人數上又不占優勢，很快就落了下風，有死有傷，四處逃散。

辛文郁騎著一匹快馬，從臥牛山山腰高大的山洞裡馳騁而出，手裡揮舞著那把祖傳的棠溪寶劍，剛轉過彎，就遇到兩個金兵。辛文郁沒有躲避，而是直衝過去。那兩個金兵舉槍來刺，說時遲那時快，只見一道寒光閃過，其中一個已應聲倒地。接著，辛文郁勒住馬韁，一陣嘹亮的馬嘶聲後，他已經連人帶馬轉過身，追上另一名金兵，手起劍落，那金兵立即倒地，一動不動了。

辛文郁打馬快速向山腳下奔去，又來到一個山道轉角處，眼看就要突出金兵的包圍時，被埋伏在草叢裡的金兵一箭射來，正中右側大腿，一陣錐心的疼痛頓時傳來，低頭看

## 第二章 父母英年逝 爺孫赴南方

時，整條右腿已鮮血直流。他強忍劇痛，繼續快馬加鞭，一路狂奔，逃回遙牆家中，剛進家門，就暈倒在地。

家中很快請來濟南城裡最有名的郎中查看傷情，開具藥方，抓來瞿麥丸內服，另外用牡丹、白蘞和燒酒內服，還用米湯灌注傷口，但傷情一直不見好。

第二天，辛文郁腿上的傷口開始出現潰爛，整個腿部感染情況越來越重，後來惡化至無法行走。

原來，金兵使用的箭頭事先抹了毒藥。

第三天，辛文郁大腿部位的傷口顏色開始變黑，整個人的氣色都顯得很差，精神漸漸有些萎靡。

遠近的醫生都請過了，他們看著日益加重的箭傷，知道箭毒已達內臟器官，再無回天之力。又過了一兩天，辛文郁連吃飯和呼吸都變得困難，病情每況愈下。

家人知道辛文郁已經時日無多，趕緊派人通知遠在安徽的辛贊。辛文郁的夫人衣不解帶，連同僕人和丫鬟，都在旁侍候。辛棄疾雖然還小，但七歲的他已經非常懂事，早晚都過來探望父親，並祈禱父親早日康復。

這天，辛文郁將辛棄疾召至病床前，用微弱的聲音對兒子說：「我們雖然身在金國，但都是大宋子民，我們的家鄉本來屬於宋朝領土，因為朝廷孱弱，才落入外族之手。你一定要好好讀書，刻苦練武，研習兵法，將來長大後驅除金

人，報效自己的國家！」

辛棄疾滿含淚水，頻頻點頭，嘴唇緊緊抿著。雖然家裡人覺得他年幼懵懂，沒有告訴他父親得病的實情，但他從長輩的言談舉止已約略知道父親受傷的原因。金人對漢人的壓迫，他自幼耳聞目睹，遙牆的親戚和鄰居中，有遭受金人迫害流離失所的，有被金人殺戮親人的，仇恨的種子早就在辛棄疾的心中埋下根苗。

儘管他還小，還不能徹底了解失去父親對他一生的影響，但從父親滿懷寄託的眼神中，從母親的悲戚中，從家丁的哀傷中，他能感受到即將失去的痛苦。

就在這天夜裡，被箭毒深侵臟腑的辛文郁氣息漸弱，最後撒手人寰。

第二天，辛贊騎快馬日夜兼程從安徽趕回，疾步來到停駐在正屋的兒子遺體前，不禁放聲痛哭。喪子之痛深深打擊他，知道兒子的死因後他的內心更是充滿痛悔。當時朝廷南移，自己因為父母雙親年老尚在，需要他留守盡孝，不得已在金朝的官場上任職，所有的悲涼只能獨自隱忍。恢復大宋江山的心願卻一直在他的心裡深藏，他平時也特別注意研究金人的軍事策略和指揮系統，以便將來能為南宋抗金所用。而現在，兒子正值壯年，卻被金人暗箭奪去性命，他似乎意識到，自己為這種委曲求全的代價過於巨大。

## 第二章　父母英年逝 爺孫赴南方

辛贊蒼老的悲聲打動了在場的所有人，大家一邊勸他，一邊陪他掉淚，一家老小哭成一團。辛棄疾一直跟在爺爺身邊，看著爺爺悲傷的樣子，也不停地擦著眼淚。

族裡的壯丁蓄勢待發，摩拳擦掌要為辛文郁報仇，都被辛贊制止了。他強忍悲痛勸誡他們，對金人的戰爭艱巨複雜，要從長計議，不能意氣用事。

辦完兒子的喪事後，辛贊告知家族的年輕人，臥牛山的練兵地點不能再去了，大家便將原來各自藏在家中的兵器，趁夜間轉移到濟南南部山區藏龍澗一帶。

辛棄疾的母親是濟南城內一個大戶人家，容貌秀麗，溫柔賢淑，和辛文郁舉案齊眉。有了辛棄疾後，通情達理的辛夫人，體諒丈夫的繁忙，悉心照料家庭，本想盼著兒子長大，一家人共享天倫之樂。但丈夫的突然離世，一下使她無所依賴，加上她本來身體就弱，很快就長病不起。

一天又一天過去，辛夫人始終沒能從喪夫之痛中恢復，總是茶不思飯不想，即便是小兒辛棄疾常在身邊相勸，她仍是每天以淚洗面。不到一個月的時間，辛夫人也告別了人世。

這麼短的時間內，辛棄疾連續失去雙親，其內心的悲痛可想而知，對一個剛剛七歲的孩子而言，這個打擊實在太大。原來熱鬧的家裡現在一下子冷清許多，父親的召喚和母

親的叮嚀都已不再。辛棄疾再也無心和其他小朋友玩樂，整天在屋子裡悶悶不樂，常常悄悄落淚。一旁的大人們看在眼裡，也非常難過。

考慮到孩子的現狀和未來，辛贊和家人商量後，決定將辛棄疾接到亳州，讓他跟在自己身邊。

濟南正是初秋時節，柳樹枝繁葉茂，隨風擺動時裊裊娜娜，遙牆大片的荷田裡，荷花已經開始綻開姣好的容顏，大有荷葉田田無窮碧之勢。可辛棄疾已經完全沒有心思去欣賞家鄉美好的景色，準備要離開。

這天，辛棄疾跟著爺爺走的時候，四風閘眾多村民聚集在村口，看著辛家公子坐上轎子。辛贊騎在一匹高頭大馬上，與鄉親們揮手告別。

長這麼大還是第一次離開故鄉，辛棄疾撩開轎子的窗簾，看著鄉親們漸行漸遠的面龐和身影，心裡又湧現出對父母雙親的懷念之情，便收回目光，向前方望去。

馬匹走動時濺起的塵土四揚，爺爺辛贊騎在馬上的高大背影被晨光映照得周身發亮，為這支南行的隊伍增添了些許希望之光。

從濟南歷城到安徽亳州，大概有八百多里路，跟著爺爺辛贊踏上去南方的路，這還是辛棄疾人生中第一次真正意義上的遠行。

## 第二章　父母英年逝 爺孫赴南方

　　古時不管進京趕考或者新官上任，即便是出門做生意，走親訪友，短則三五天，長則十天半月，有的甚至數月經年。有很多遊歷得以慢慢實現，也會產生更多曲折的故事。

　　反正是為金人工作，去晚一點不但無礙，很可能更中辛贊的下懷。兒子和兒媳先後辭世，而且兒子的死因與金人直接相關，在辛贊的心裡，國恨之外又加上了新仇。本指望兒子辛文郁能伺機而動，為大宋朝廷收復失地效一份力，不想卻英年早逝，留下無爹無娘的孫子。

　　辛贊一邊這麼想著，一邊覺得自己肩上的擔子很沉重。一定要把孫子養育成人，文武兼修，學得一身本事，將來為他的父親報仇雪恨，為屈辱苟安的南宋朝廷一雪前恥。他想趁著這次南下的機會，帶著孫子好好領略下故國的山河風光與人文名勝，既能撫慰孫子受傷的心靈，也算是對他的一種言教。

　　從歷城出發再往南，走一百六十多里就到了靈岩寺。這裡的淨明方丈和辛贊是舊友故交，十分熱情地歡迎他們到來，一行人便在此歇腳。

　　靈岩寺位於濟南長清東南的方山之南，群山環抱，路遠幽深，始建於東晉，西域高僧佛圖澄的高足僧朗在此修寺，最盛時有僧侶五百餘人，殿宇五十餘座，高低錯落，形成規模宏大的古建築群。唐代地理學家李吉甫編纂的《十道圖》

中，把靈岩寺與浙江天台山國清寺、江蘇南京棲霞寺和湖北江陵玉泉寺譽為「域內四絕」。宋代濟南府從事卞育曾有詩〈留題靈岩寺〉：「屈指數四絕，四絕中最幽。此景冠天下，不獨奇東州。」

唐宋為靈岩寺發展的鼎盛時期，院內有唐代詩人李邕撰寫的〈靈岩寺碑頌並序〉、北宋蔡卞《圓通經》碑等。寺內的辟支塔為一座八角九層樓閣式磚塔，塔高五五點七公尺，氣勢雄偉、造型美觀，建於唐天寶年間，並於北宋淳化五年（西元九九四年）重建加高，歷時六十三年才完工。宋代文學家曾鞏有詩讚道：「法定禪房臨峭谷，辟支靈塔冠層巒。」

千佛殿內最為人稱道的是四十尊彩色泥塑羅漢像，其中有三十二尊塑於北宋治平三年（西元一○六六年），其造像側重寫實，形態各異，將一個個羅漢的內心世界細緻入微地生動呈現，臨近觀之，恍惚如真。那些人物衣著線條的處理值得一提，褶皺變化，織物質感，纖毫畢現，而且富於優美的節奏感，被梁啟超譽為「海內第一名塑」。另一處景觀高僧墓塔林亦為中國罕見，塔身全由石頭鑿刻而成，塔剎上有相輪、覆盆、仰月、寶珠、花卉、龍圖等圖案造型，從北魏到唐宋，高僧墓塔林記錄著這裡的歷史變遷。

駐足靈岩勝景，才會深刻感受到「天下名山僧占多」的含義。辛棄疾亦步亦趨地跟著爺爺，逐次觀看寺內各種人文

## 第二章　父母英年逝 爺孫赴南方

歷史與山川自然景觀，被深深吸引，目不暇給。在爺爺耐心的講解中，他也對歷代燦爛的文化有了更深入的理解。

從頹圮的大殿遺址，到歷經數百年之久的古檀，傾聽著大殿的裊裊佛音，爺孫倆的心情得以在這幽靜的山林間稍稍放鬆。

靈岩寺是濟南到泰山的必經之道，位於泰山背後，所以又有「遊泰山不至靈岩不成遊也」之說。

而辛贊爺孫倆則是先到靈岩寺，又去登泰山。泰山的雄偉和象徵意義不言而喻，孔子曾「登泰山而小天下」，杜甫譽之「會當凌絕頂，一覽眾山小」，秦始皇以降，歷代皇帝最喜登臨泰山。但現在，與淪陷的北方一起，泰山也淪於金人轄下。

辛贊想藉此機會帶著孫子攀登泰山，並透過這座五嶽之尊更加了解家國，同時還能鍛鍊他的體力和意志。

攀登之旅從泰山腳下的岱廟開始。

岱廟俗稱「東嶽廟」，始建於漢代，唐朝時規模空前。到宋代，又為歷代皇帝所重。宋太祖趙匡胤曾遣人重修岱廟，宋真宗於大中祥符元年（西元一〇〇八年）封禪泰山，創建天貺殿。大中祥符六年（西元一〇一三年），宋真宗詔翰林學士晁迥撰〈大宋東嶽天齊仁聖帝碑銘〉，記加封泰山神帝號之事，立石於岱廟。宋徽宗（西元一一〇〇至

一一二七年在位）即位後，屢降詔命，修繕岱廟。泰山東嶽廟會也是於此期間逐漸形成。

泰山碑藏豐富，李斯小篆碑為中國最早的刻石，也是篆書書法的代表作，這裡還有充分體現漢代隸書風格的張遷碑等。

臨近黃昏時分，他們到達中天門，看看天色向晚，就在此投宿，第二天，辛贊要帶著辛棄疾去看泰山日出。

次日凌晨，天還未亮，爺孫二人已經起床，跟班的人早已在門外等候。

山道盤桓向上，臺階越來越陡。辛棄疾年紀尚小，雖然累得氣喘吁吁，但在爺爺的鼓勵下，卻有著一股蓬勃向上的韌性。經過一番艱苦的登攀，辛棄疾在爺爺的帶領下，經過十八盤，直達南天門。天剛濛濛亮，站在南天門前，極目遠眺，泰安城模模糊糊在望。

這時天氣轉涼，山風陣陣，吹得越來越強勁，山道上的人並不算多。走在天街上，感受著陣陣山風，很有徹骨的爽快感，因為第一次登上海拔這麼高的山巒，辛棄疾十分好奇，興奮不已。來到摩崖石刻下，辛贊將李斯的篆字碑與秦亡漢興的歷史典故一起講解，辛棄疾聽得入神。大約寅時，爺孫倆來到日觀峰，和零零星星趕來觀看日出的遊客站在一起，靜靜等候激動人心的時刻到來。

## 第二章　父母英年逝 爺孫赴南方

　　遙遠的東方，一片雲海之上，一輪紅日初如一顆蛋黃般慢慢往上移動，帶著黏連的海水向上用力，忽然，那顆紅蛋一樣的果實猛然向上一跳，再看那太陽，已經升得很高了。

　　辛棄疾被眼前的壯麗景象完全迷住，他幼小的心怦怦跳動，心中充滿對未來美好的憧憬。他抬頭向上看去，爺爺的臉沉浸在日出的光澤照耀中，線條剛毅，布滿滄桑。

　　就在這時候，他聽到一聲無比沉重的長嘆。爺爺到底想到了什麼，他不知道，但這段時間以來，他隱隱約約能感覺到，父母的離世給爺爺帶來的悲傷是多麼深刻。白髮人送黑髮人，永遠有著說不盡的況味；其次，這麼多年來，爺爺一直在金人的官場上任職，心裡卻始終思慮著光復大業，從來沒有真正的高興。

　　爺爺回過頭來，目不轉睛地看著辛棄疾很久，才輕輕拍著他的頭說出一句話：「收復大宋的山河，將來就靠你們了！」

　　七歲多的辛棄疾，似懂非懂地用力點著頭。

　　辛贊用頎長有力的手臂緊緊攏抱著辛棄疾單薄的肩膀，他看到，在孫子清澈的眼神中，明明有一種真切的嚮往，有一種像初升朝陽一般噴薄欲出的光澤，像是剛剛被點燃的火苗，在閃動發亮。

　　從泰安往正南不到一百五十里地，就是孔子的老家曲

阜，這裡的孔府、孔廟、孔林，統稱「三孔」。孔府是孔家的宅第，孔林是孔家的墓園，孔廟是祭祀孔子之處。

這裡是儒家文化的發祥地。西元前五五一年，孔子出生於此，長大後在這裡築壇講學，收授門徒，又從這裡出發周遊列國，傳播他的學說和理想之道。七十三歲那年去世，埋葬於此。

北宋朝廷一向崇儒，宋太祖立國之初，就來到曲阜拜祭，並下詔修繕廟宇。大中祥符元年（西元一〇〇八年），宋真宗過曲阜拜孔廟，並整修孔廟規模，後還詔令各州皆建孔廟。辛贊爺孫倆看到的孔廟，前後四進院落，東中西三路並行，這種格局就奠定於北宋年間。

金國統治者也深知，要想立足中原，也必須依靠儒家思想。金天會五年（西元一一二七年），金將完顏宗堯進駐燕京後，戰火未熄即建太學，修國子監。金天會七年（西元一一二九年），金兵侵入曲阜，「登杏壇，望殿火奠拜」。金朝統一北方後，進一步認識到崇儒之重要性。金皇統二年（西元一一四二年），金熙宗完顏亶撥錢一萬四千貫，修孔廟聖殿，後逐年都有專款撥付。

辛棄疾懷著崇敬的心情，跟著爺爺拜謁孔廟。過金聲玉振坊後，稍做停留，繼續前行。過欞星門和聖時門，再過弘道門、大中門，看奎文閣，觀古碑亭，再經大成門和杏壇，

## 第二章　父母英年逝 爺孫赴南方

就來到大成殿前，瞻仰孔子塑像。

孔林中高大的橡樹林吸引辛棄疾的目光，從小在濟南長大的他，很少見到這麼多高大的樹木，巍然伸向天空。撫摸著子貢手植檜木，徘徊於孔子墓前，辛棄疾深深感受著儒家文化和一代先聖的思想薰陶。

從曲阜到亳州，要經過微山湖，他們此次南下，除了陸路還要走水路。

微山湖上有微山島，微山島因有商周時期微子墓而得名。其南不遠處還有一座張良墓，離微子墓不遠。張良二十多歲就離家，輾轉江湖，漢朝建立後，因功勳卓著，被劉邦封為留侯。蘇東坡二十四歲時，寫就〈留侯論〉如此評價張良：「古之所謂豪傑之士者，必有過人之節……天下有大勇者，卒然臨之而不驚，無故加之而不怒。」張良是個英雄，曾經有過博浪沙刺殺秦始皇的壯舉；張良是個名臣，兢兢業業一路伴隨輔佐劉邦取得天下；張良還是個明白人，深諳「飛鳥盡，良弓藏」之深刻內涵，最後堅決放棄對權力和榮光的迷戀；他還是個能夠超越自我的人，與山林自然頗為有緣。可以說，英勇使他出名，智謀使他功成，參悟使他長命，而這一切使他傳世。

微山湖碧波蕩漾，微山島遺世獨立，這裡的歷史變遷，張良的傳奇經歷，都深深印在辛棄疾的腦海中。

從微山湖到亳州，要經過河南永城芒山鎮的芒碭山（古稱碭山），這裡地處豫皖蘇魯四省交界處，被後人譽為「果中甘露子，藥中聖醍醐」的碭山酥梨就產於此。碭山共有大小山丘二十餘座，芒碭山主峰居中，海拔一百五十六公尺。此處因漢高祖劉邦斬蛇起義而聞名於世，後來被曹操所盜的中國最大漢墓群漢梁王墓群即在這裡。此外，中國第一位農民起義領袖陳勝亦埋葬於此。在陳勝墓前，辛贊語重心長地講述陳勝的起義經歷，還分析了他失敗的原因。「苟富貴，勿相忘」、「燕雀安知鴻鵠之志」，這些英雄們當年的警句，已被辛棄疾牢牢記住。

半個多月的時間很快過去。爺孫倆在去亳州的路上，同遊祖國大好河山。一路所經之處，凡是有歷史名人故里，愛國名將遺跡，幽靜的古戰場，爺爺都會一一講述給他聽。特別是講到那些著名的古代戰爭案例，包括戰場的選擇、地形地貌和兩軍對壘的布陣和戰術，辛贊就會講得更加詳細。

和看到的美妙景色相比，辛棄疾更喜歡聽這些戰爭故事。一是男孩子天性嚮往兩軍對壘之事，再就是受爺爺和父親影響，辛棄疾從小就萌生成為一名軍事家的理想。他知道，只有那樣才能戎馬平生，叱吒風雲，闖出一片天。

一路走來，靈岩寺的陡峭險要，泰山玉皇頂的輝煌日出，曲阜三孔的儒家風範，微山湖張良建功立業的人生傳

## 第二章　父母英年逝 爺孫赴南方

奇，芒碭山陳勝墓的深沉寂靜，這一切都以其新鮮深遠的意味，強烈衝擊著辛棄疾幼小而活躍的心靈，留下悠遠的迴響。

對於辛棄疾而言，一些事情漸漸明白，一些人物在他心目中漸漸清晰，特別是那些抗敵救國的歷史故事更是清晰地印在腦海中，激發起他生命中的某些豪情壯志。

這天正午時分，走著走著，辛棄疾忽然看到，遠處一條寬闊的河流蜿蜒向東南流去。過河不久，就看見一座威武的城門漸次出現，愈來愈近。城牆巍然聳立，陽光從城牆雉堞的缺口處射過來，有些炫目，「亳州」兩個大字赫然出現在城樓之上。他回頭看向爺爺，騎在馬背上的辛贊正凝聚雙目看著前方。

他知道，對於辛棄疾而言，一段新的生活就要徐徐展開。

# 第三章
# 亳州初學成 懷志曾北上

## 第三章　亳州初學成 懷志曾北上

亳州古稱譙城，歷史久遠，商朝時期就已經建城。宋真宗升亳州為集慶軍，置節度使，統領七個縣。辛贊爺孫倆抵達亳州時看到的那條河流就是渦河，它流經開封，其下游在蚌埠注入淮河。亳州北關的渦河上有靈津渡，據說是宋真宗來亳州朝拜老子廟路過此地時所賜名。

亳州正是漢初傳奇名相張良的故鄉，這裡還出過代父從軍的花木蘭，和曹操、曹植和曹丕這樣的人物，神醫華佗也是這裡人。商代的湯王是為人稱頌的一代明君，他的墓就在亳州。

亳州有「中華藥都」之美譽，自古盛產亳芍、亳菊、亳花粉、亳桑皮等，後人有詩為證：「小黃城外芍藥花，十里五里生朝霞。花前花後皆人家，家家種花如桑麻。」

亳州地處華北平原南端，這裡河流眾多，空氣溫潤，氣候更溫暖，但是與濟南的飲食習慣、民間風俗差不多。隨爺爺來到這裡的辛棄疾很快就適應了新環境。爺爺帶著他品嚐過這裡的鍋盔和蒙城小吃撒湯，還聽過生活氣息濃厚的二夾弦。

畢竟辛贊在這裡的譙縣做知縣，各方面的條件和照應都比較周全，辛棄疾除了偶爾會想念自己的家鄉和雙親，其它都還不錯。辛贊在官府上班，每天早出晚歸，回來後總要陪辛棄疾玩耍、聊天，時間長了，辛棄疾對亳州也漸漸熟悉起來。

亳州城歷史悠久，文化底蘊深厚，文武都很盛行，自然藏龍臥虎。其城內就有一位遠近聞名的詩人劉瞻，大約四十歲出頭，字岩老，自號櫻寧居士，熟讀經典，知識淵博，與當地各界多有交往。劉瞻在亳州城創辦私塾講學，收授門徒，專門招募聰慧努力的孩子，悉心教誨，門生很多，盛名久負，當地名流爭相將子弟送至他門下。

　　有這樣的好老師，作為一縣之長的辛贊自然不會錯過。到了第二年春天，辛贊帶著辛棄疾來拜見劉瞻，把他留在這裡的私塾，開始正式學習。

　　私塾有嚴格的學制規定，凡來學習的學生必須吃住都在私塾，研讀經史子集有固定的課程和時間，同時還引導學生學習琴棋詩畫。私塾有專門的藏書樓，有大量豐富的典籍供學生借閱。此外，私塾還聘請有專門的武師，定期教孩子們傳統武術。

　　私塾的學習生活雖然嚴苛枯燥，辛棄疾卻很快就順利融入。對於本來就已有一定基礎的他來說，再次學習〈大學〉、〈中庸〉、《論語》、《孟子》和《詩經》、《尚書》、《禮記》、《周易》、《春秋》等，會更加深入細緻，老師的講解也旁徵博引，深入淺出。隨著年齡漸長，那些聖賢之言、史籍所載對於辛棄疾而言，已經不再僅僅是詞彙的堆積和修辭的演繹，對其普遍之理和深層奧義，他已經隱隱約約

# 第三章　亳州初學成 懷志曾北上

有所理解。一顆敏銳的心靈已經打開它的大門，知識的泉水恰逢時機地汩汩流淌而入，滋養了辛棄疾的精神世界。

辛棄疾天性聰穎，又十分勤奮，記憶力超群，據說在學習古代經典的過程中，能日誦千言，許多精彩段落過目能背。在這些學童裡，他年齡雖小，但學習上表現出的刻苦精神與聰穎的天資，遠遠超出人們對他這個年齡段孩子的預期。家世的變遷，爺爺的影響，從小的經歷，早年的學習，都讓他比同齡孩子要成熟不少，他性格倔強，做事幹練。

很快，辛棄疾就以優異成績和突出表現獲得先生劉瞻的青睞。和別的教書先生不同的是，劉瞻是一位性格開朗、造詣頗高的詩人，他的詩歌立意高遠、形象清新、情趣盎然並且對仗工整，在當時的亳州可以說無出其右。他寫過這樣一首〈無極道中〉：

銀河淡淡瀉秋光，缺月梢梢掛晚涼。
馬上西風吹夢斷，隔林煙火路蒼茫。

詩寫得既不佶屈聲牙，也不引經據典，語詞生動，通俗易懂，初看無一個生字，細想卻詩意盎然。

他還寫過一首〈春郊〉：

桑芽粒粒破春青，小葉迎風未展成。
寒食歸寧紅袖女，外家紙上看蠶生。

「歸寧」指的是回娘家，最後一句裡的「外家」說的就是娘家。

辛棄疾一開始學習古典詩詞的創作，就能遇上這樣一位風格清冽的詩人，是他的幸運。加上辛棄疾這方面超絕的悟性和難得的勤奮，他的詩歌寫作很快就脫穎而出，小有影響。看到年紀小小的學子進步如此之快，加上他和辛贊之間的友情，先生劉瞻自是非常欣喜。他敏銳地感到，這個眉宇間透著一股英氣的少年，這個在詩歌寫作方面感悟力極強的學生，將來一定前途無量，或者科舉高中，或者詩名大震。

爺爺辛贊聽了老師的誇獎，看著孫子的進步，也從內心深處感到非常自豪。

時間過得很快。出門在外的辛棄疾開始有了新朋友，他叫党懷英，字世傑，山東泰安人，祖上為宋初名將党進，他的父親在亳州縣衙做一個不大的官，他便隨父親至此。和辛棄疾一樣，党懷英也聰明好學，並不貪玩，讀書分外刻苦用功，因為比辛棄疾要大六七歲，自然也就多幾分成熟。加上又同為山東同鄉，兩個人非常投機，雙雙成為先生劉瞻的得意門生。党懷英性格柔和、志向高遠，而辛棄疾目標堅定、豪爽過人，正好互補。

在劉瞻的悉心教導和言傳身教下，辛棄疾和党懷英的詩詞寫作水準突飛猛進，很快在同學中間小有名氣，甚至還傳

## 第三章　亳州初學成 懷志曾北上

到了外界。不久，在整個亳州城內，很多人都知道，劉瞻的門下有兩個天才學子，均寫得一手好詩詞，人們簡稱兩人為「辛党」。遺憾的是，因為沒有文字留存，後人已經無法欣賞到辛棄疾這些早期的詩詞作品。

兩人有很多共同語言，有時候一邊讀書一邊討論，有時也會為金宋兩國的關係和局勢交流，意見不同時也難免和緩或激烈的爭論。

說到長大以後的具體志向和打算，兩個人明顯有所不同。辛棄疾心向大宋，將來為收復宋朝山河效力，而党懷英則很想在金朝當時的統治區域走科舉考試之路，以圖取功名。就這個問題，兩個好朋友有時候會爭執不下，誰也無法說服對方。

有一天，兩個人又談到了這個話題。正爭論間，先生劉瞻進來了，就悄悄站在他們身後，聽了很長時間。

最後，劉瞻笑著建議，可以用蓍草起卦來預測今後兩人的仕途走向。

蓍草屬於菊科，多年生草本，莖直立，葉無柄，開成片的白色或粉色小花，花果期七月到九月。用蓍草卜卦是從周易就開始的原始排卦方式，繁瑣複雜，要用五十五根蓍草反覆排列組合，才能逐漸得出結論。

而這次卜卦的結果和兩人平時表露出的觀點驚人一致，

党懷英得到「坎」卦，辛棄疾得到「離」卦，而八卦之中，坎居北方，離為南方。一南一北，一宋一金，正是兩個人的分野，也恰恰是那個時代許多北方漢人思想和命運的分野。

轉眼間，兩年多過去了，辛棄疾已經成長為近十歲的翩翩少年，身材頎長、舉止剛毅。

除了文化學習外，辛贊還特別注意在武術與兵法方面對辛棄疾的培養。亳州是武術之鄉，這裡有許多武林高手和源遠流長的武術文化遺產。

陳摶老祖心意六合八法拳，又稱水拳，為唐代亳州人陳摶所創，該拳內涵豐富，功法獨特，拳勢運行如水勢翻滾，內勁如海納百川，以整勁為核心（發展為形意拳），以步法為轉移（衍生為八卦掌），以輕柔為變化（演化出太極拳），堪稱中華內家拳的始祖。

中國古代歷史中，各式各樣的兵器更迭變換，而獨有劍集習武襲殺、貼身防護、抒情揚志等多功能為一體，一直有著非常特殊的地位。劍的出世極為古遠，它的歷史大概可以追溯到黃帝與蚩尤大戰時期，雙方均製劍為兵，因此劍被稱為短兵之祖。

辛贊專門帶孫子拜當地有名的陳摶老祖傳人學練古老的拳法，同時還讓辛棄疾開始拜當地著名的劍客研習劍法。

學習生活雖然充實，但有時也未免寂寞、苦累，尤其是

# 第三章　亳州初學成　懷志曾北上

對一個十歲左右的孩子。但辛棄疾卻與別人有所不同,他在拳術和劍法方面的稟賦也很快表現出來,既深深入迷,又進步飛快。他對兵器和兵法的喜愛如對文化的學習一樣如飢似渴,也許他十分明白,只有掌握了這些本領,長大後才能率領萬千兵馬,馳騁故國大地之上,驅除金人的統治。

當然,對於尚且年幼的辛棄疾來說,這一切為時尚早。而眼前的歷史,還正按照它自身的規律在演繹推進。

金熙宗完顏亶性情暴躁,虐殺成性,尤其到其統治後期更是愈演愈烈。金皇統八年(西元一一四八年),金國開國功臣金兀朮死後,金廷內鬥加劇。金熙宗更是嗜酒如命,乾脆不理朝政。他自己無法控制政局,遂胡亂遷怒於下屬。前線金軍還在和南宋打仗,他常常在後方對金國貴族和大臣大開殺戒,有時甚至毫無緣由,只是一時興起,或憑空猜疑。

金皇統九年(西元一一四九年)五月,因雷電震壞金國宮殿,火燒寢室,翰林學士張鈞起草赦免詔書,裡面用了弗、寡、眇、小等詞。參知政事蕭肄平一向厭惡作為漢人官員的張鈞,見後即奏道:「弗類,乃大無道;寡者,孤獨無親;眇者,目無所見;小子,嬰孩之稱。此乃漢人以文字罵主上。」金熙宗聽後大怒,下令殺張鈞。

同年八月,金熙宗殺左司郎中三合,又疑其弟胙王完顏元與河南起義軍有關,遂將其弟完顏元、查剌和左衛將軍特

思殺死。十一月，因不滿皇后裴滿氏干政，殺裴滿氏及妃嬪多人。後又殺鄧王完顏爽之子阿懶和撻懶。至此，朝中貴族與大臣人人自危。

同年十二月，金國海陵王完顏亮弒金熙宗，改皇統九年為天德元年，金朝易主。

反觀南宋，依然是偏安一隅、屈辱為臣的姿態。

南宋紹興十八年（西元一一四八年）三月，為討好金人，免金人藉端生事，宋廷下詔，禁止官吏士民私自渡淮及招納叛亡，違者以軍法論處。不久又下詔，規定各渡口碼頭及邊防人員，如故意放縱民眾到金，與私渡者同罪，官員失察者減一官。

紹興二十年（西元一一五〇年）正月，秦檜上朝，殿司軍士施全劫秦檜於道，用刃刺之，未中，被捕送大理寺，秦檜詰問，施全稱：「舉國與金為仇，爾獨欲事金，我所以欲殺爾也。」竟被磔於市。從此以後，秦檜出行，以五十個手持長矛的兵士護衛。

紹興二十一年（西元一一五一年）九月，與岳飛、張俊、劉光世合稱「中興四將」的抗金名將韓世忠病逝於杭州。

辛棄疾漸漸長大，國家的命運卻並沒有什麼轉機，而一個年輕人就要面對自己的未來。

## 第三章　亳州初學成 懷志曾北上

三年的時間很快過去，辛贊任期已滿，因為他一心為民，合格稱職，被金廷提拔為開封知府，辛棄疾也就要跟著爺爺一起去到開封，開始又一段異地生涯。

渦河還在那裡流淌，爺孫倆再次經過靈津渡，這一次是為了告別亳州。和當年來時不一樣的是，兩個人的背影稍微有了一些變化，一個顯得有些蒼老，而另一個則明顯高出了許多。

在南宋時，有一個地方，提起來就讓人心中鬱悶不已。有一座城市，曾經繁華蓋世，一想起來卻使人徹夜難眠。

它就是開封，始終是南宋一個解不開的心結所在。

即便是從現在回頭看，靖康之恥已經過去近九百年，卻仍然是華夏民族歷史上一個巨大的創痛。

辛贊的一生都在官場，先是北宋後是金朝，開封知府可以說是他為官生涯中最高最重要的任職。因為開封對於當時政權重心還在東北的金人而言，是一個意義特殊的城市。

這個在南宋時期成為金國北方重鎮的城市，曾經是北宋的首都，以豪華著稱於世。當時的開封人口（包括流動人口）一度達到一百二十多萬，比盛唐時期的長安城人口還要多。

據《東京夢華錄》記載：「太平日久，人物繁阜……舉目則青樓畫閣，繡戶珠簾。雕車競駐於天街，寶馬爭馳於御

路。金翠耀目，羅綺飄香。新聲巧笑於柳陌花衢，按管調弦於茶坊酒肆。八荒爭輳，萬國咸通。集四海之珍奇，皆歸市易；會寰區之異味，悉在庖廚。花光滿路，何限春遊；簫鼓喧空，幾家夜宴。伎巧則驚人耳目，侈奢則長人精神。」

這樣的描寫，再加上名畫《清明上河圖》的展現，開封的繁華與熱鬧，可想而知。

北宋靖康二年（西元一一二七年），金兵占領開封，北宋滅亡，南宋從流亡的道路上起步。經過一場巨大的戰爭浩劫，滿城財富被劫掠一空，居民人數也銳減，這座城市元氣大傷。

對於女真族而言，僅僅占據中原，並不是他們膨脹起來的全部野心。因此，他們也沒有過分貪戀東北那邊的老家，而是先後將大興府（今北京）和開封府改為中都和南京，作為他們入駐中原後的京城備選。為了這個目的，金國的統治重心在不斷南移，從內蒙古到遼陽，從遼陽到北京。後來，金國乾脆遷都到開封。就策略地位及地緣政治而言，對於宋朝和金國，開封都同樣意義非凡。

靖康之變後，金軍一度撤離，開封仍在宋朝手中，抗金名將宗澤曾經做過開封尹。南宋建炎二年（西元一一二八年），金軍再犯開封，因為宗澤守城有方，金軍沒有得逞。岳飛就是在那個時候跟隨宗澤參加過開封保衛戰。直到兩年

## 第三章　亳州初學成 懷志曾北上

後宗澤含恨死去，金人才再次占據開封。

儘管金人一直都在努力漢化，但畢竟需要一個漫長的演變過程。金人也很想重現開封往昔的繁華，但統治者更換之後這裡早已物是人非。

辛贊到任時的開封已告別昔日的繁華，和一個普通的府城相差無幾，文化和底氣都被抽空。那些熱鬧過的街衢巷陌還在，只是變得寂寞冷清；汴河依然在汩汩不停地流淌，只是岸邊走動的人群中，多了不少鷹鼻深目的女真人；那些輝煌的宮殿建築還在，不過現在已成為金人的衙門。

而辛贊來到這裡，就要為著女真人的利益，按照女真人的意願，來管理這座城市。

對於辛贊而言，替金人效力本就心不甘情不願，心中滿載的還是宋朝復國的宏願。來開封做官，繼續為金人效力，他的心情依舊十分微妙。好在有孫子在身邊，培養後代的成就感和爺孫相伴的天倫之樂，都給他以情感上的慰藉，也從某種程度上減輕了他官場上的迷茫與糾結。

更令人欣慰的是，辛棄疾正在沿著他期望的路線慢慢長大。

經過亳州的學習、鍛鍊，加上初諳世事，辛棄疾在開封的日子既悠閒又充實。作為地方一級行政長官的子女後代，恐怕連城裡一般的金人都要敬他幾分。日常生活的豐裕和出

入自由的便利，使得年輕的他可以對這個城市有深入的體驗。穿行於這裡的大街小巷，遊走在具有皇家色彩的名勝之間，瀏覽著眼花撩亂的藝術展演，求教著各式各樣的文史名流，少年辛棄疾得以在開封展開遊歷，收穫良多。

同樣是濟南人，宋朝另外一個著名詞人李清照，之前就曾在這個城市裡生活過十幾年。她少女時代隨父來到開封，在這裡學習，在這裡寫詩，在這裡成名，也在這裡成家，直到父親被貶、公爹遭難，才悲憤離去。

辛贊自然也希望孫子能在開封獲得更多的成長滋養，而這座古老的城市，大宋昔日的都城，也以它沉鬱的姿態，接納著少年辛棄疾。辛贊沒有放鬆對辛棄疾的學習培養，更多更好的私塾、武館，更多更好的先生長者，更多更好的文化典籍，都是辛棄疾文化修養與武術本領進步的沃土和條件，加上此時的開封本身也恰如一本寫滿創傷的教科書，置身其中，辛棄疾開始真正長大。

在這期間，辛贊利用閒暇時間和公幹契機，帶著孫子遍遊中原各地，爺孫倆一起現場勘查各處的地形地貌、交通狀況和關隘要塞，對適合屯兵與作為戰場的地方，更是特別留心，甚至予以文字記錄，以便推敲研究。

開封城西邊八十里遠，就是官渡之戰的古戰場。東漢末年的官渡之戰是中國歷史上著名的以弱勝強、以少勝多的典

## 第三章　亳州初學成 懷志曾北上

型戰例，前後歷時一年多，最後，曹操以兩萬左右的兵力，出奇致勝，擊破袁紹的十萬大軍。曹操藉此一戰寫下自己軍事生涯最輝煌的一頁，兩年後，袁紹因兵敗憂鬱而死。

再往西一百五十多里地，就是三英戰呂布的虎牢關，虎牢關因周穆王在這裡圈養過老虎而得名。

年輕的辛棄疾很早就開始學習武術和兵法，對諸如官渡之戰和歷史上眾多英雄人物故事有著非同一般的興趣，爺爺的伴遊和講解使他收穫頗豐。

過去虎牢關不遠就是洛陽，這個坐落於洛水北岸的城市，歷史上先後有大大小小十多個朝代在這裡建都。洛陽的龍門石窟、白馬寺和關林，是每一個來到這裡的人必遊覽的地方，辛棄疾也不例外。洛陽歷來為兵家必爭之地，也是西北與中原之間的鎖鑰之處。一旦將來南宋和金國戰事再起，洛陽和開封互為犄角，有連接東西、制衡南北的作用，策略地位極為重要。

西北距開封一百六十里，作為歷史上楚河漢界的鴻溝，就在河南滎陽境內黃河南岸的廣武山上，溝口寬約八百公尺，深達兩百公尺。遼闊的黃土堆高聳如山，腳下就是波濤滾滾的黃河，兩岸中原大地盡收眼底，極目往東，再遠處就是齊魯故鄉。

與金國和南宋的分立有所不同，楚漢也曾以此為界劃分

東西，但最後還是有遠見、善用人、多智謀的劉邦贏得天下，可見暫時的優勢和單純武力的強大，並不是致勝的法寶，南宋要圖謀復興，尚需矢志不渝、長久計議。

看著四周蒼茫的故國領土，沿著黃河的流向遠眺，辛贊的鬍鬚在陣風中微微顫動，他表情嚴肅，眼神凝重。辛棄疾已經長大，無須多言，他已經能夠想像得到爺爺此時內心的所思所想。登高望遠，年輕的精神世界也被罡風吹開門扉。

那一段時間內，無論是向西還是朝北，辛贊都盡可能帶著辛棄疾走得更遠，因為宋朝將來想要收復的不僅僅只是開封。

從開封往北，過黃河不遠，就是封丘縣一個叫陳橋驛的地方。這是宋太祖趙匡胤黃袍加身的地方。金國統治下，宋代皇家的遺存被毀壞殆盡，現今這裡一派破敗蕭條景象。辛贊專門帶著辛棄疾偷偷來這裡，講宋朝的歷史，講趙宋朝廷的來歷和演變，緬懷宋朝曾經的強大和輝煌。

站在大宋發軔之地，年輕的辛棄疾心潮澎湃。隨著自己一天天長大，知道得越來越多，思考得越來越深，他深深認為，宋朝的光復只是時間問題，自己的介入也只是時間問題。

這些年來，辛贊光復大宋的想法不但沒有隨著歲月的流逝而淡去，反而越來越強烈。其中的重要原因，一是他看到

## 第三章　亳州初學成 懷志曾北上

金人皇帝要嘛殘暴要嘛昏庸，朝廷氣象混亂，官場齷齪腐敗，雖然他們竭力學習漢人的文化和制度，卻總是給人畫虎類犬的感覺，而且他們對漢人的歧視與壓迫根深蒂固、變本加厲；更重要的原因是，孫子辛棄疾已經漸漸長大。如果說，收復中原當年對他而言還只是一個模糊願望的話，現在，這個願望終於可以找到能夠實現它的具體人選了。

西元一一五三年四月，金遷都燕京（今北京），改元「貞元」，後改燕京為中都大興府，金朝的統治中心南移到了中都。此外，完顏亮還把中原和華北的軍事、財政等大權收歸自己掌握，這次遷都標誌著金朝真正走向了中央集權。

三年後，爺爺辛贊又被任命到海州（今江蘇連雲港）做官，辛贊覺得不能總是讓孫子跟著自己，是該讓他自己成長的時候了。

於是，上任之前，辛贊專程把辛棄疾送回濟南老家。

走的時候，辛棄疾還是一個懵懂無知的少年，而現在，經過六年多的學習和遊歷，他的個頭已接近成人，英目濃眉，轉眼之間，他已是一位翩翩少年。

# 第四章
## 聚義起抗金 歷城得解放

## 第四章　聚義起抗金　歷城得解放

　　回到家鄉後，辛棄疾度過了一段相對獨立、自我的生活，讀書學習、苦練武術和劍法，四處結交朋友，遊歷山水。東到淄博、青州，西到聊城，北到德州，南到泰安、萊蕪，再遠到濟寧、兗州，年輕的辛棄疾已經開始用軍事的眼光來看待濟南和山東。

　　女真族最初由漁獵民族起家，從少數民族進到漢文化圈，最終還是要以漢文化體制來統治才能久遠。於是，凡是南下的北方民族，不管規模大小，也不論其政權時間長短，有一點他們非常清楚，那就是要學習漢文化，運用漢人的官僚機制，利用漢人知識分子，來完成自己的政權鞏固。

　　比如科舉制度，金朝就完全承繼了宋朝的規制，並向漢人開放。因為歷史相對較短、文化底子較薄弱，金朝非常希望透過科舉考試選拔一些漢人來充實官場。無論是女真還是漢人，要想求取功名，還是要走科舉這條路。

　　完顏亮遷都中都後，恢復了殿試，「唯以詞賦、法律取士」。

　　對於辛棄疾而言，他從來都沒有想過，將來有一天會重蹈爺爺的覆轍，為金人服務。但是隨著年齡漸長，「知己知彼，百戰不殆」的道理，讓已經熟讀兵書的辛棄疾非常認同。他熟悉濟南的生活，但再往北無論是地形地貌，還是金人實際統治的情形，他都所知甚少，如果將來能有機會去考

察一番，是最好不過的。

　　出於社會穩定的考慮，金朝統治者總是想方設法限制漢人在不同地域之間的流動。那麼，辛棄疾想去了解北方的情況，最好的辦法就是參加科舉選拔，進京趕考。

　　這一年，辛棄疾已長大成人，博古通今。他的武術和劍術在家鄉一帶也頗有名氣，似乎很多條件都已經成熟。他知道，自己應該有一次北上的經歷。爺爺辛贊也早就有此規劃，兩人不謀而合。

　　如果將來真的有一天，辛棄疾能有率兵打仗、驅除金兵的機會，必定少不了會在山東、河北一帶擺開戰場，那麼，有機會到都城一趟，對沿途金兵的布置和各地百姓實際狀況有切實的了解，也是必需的事情。

　　金正隆二年（西元一一五七年），十八歲的辛棄疾順利通過鄉試，以第五名的成績去大興府（今北京）參加會試。

　　從濟南過德州、滄州、廊坊，經過的大致是華北平原的東側，沿途很多地方地勢平坦，視野開闊，不少都適合做排兵布陣的戰場。辛棄疾一路默默觀察，記在心裡。特別是經過金兵駐紮的軍營時，更是特別留心。

　　燕山綿延於現北京以北的廣大地區，與西南到東北走向的八百里太行山交會於北京城西。此時的大興府，四年前剛剛被定為金國的新國都，完顏亮派尚書右丞張浩和工部尚書

## 第四章　聚義起抗金 歷城得解放

蘇保衡，負責新都城的營建。金朝前後共動用了四十萬正規軍和八十萬民夫，大致上照著開封府的模樣，在遼朝燕京的基礎上擴建，歷時兩年才初具規模。

除了假裝應付會試外，辛棄疾充分利用這次機會悉心觀察大興府的地勢、金軍布防和訓練情況等，並且遠至長城一帶，到居庸關、八達嶺、慕田峪、金山嶺、古北口等關隘實地走訪。登臨長城之上，辛棄疾一方面為先人的偉大深深折服，一方面為遼闊的北國淪於敵手扼腕嘆惜。

撫摸著古老長城的雉堞，看看四下無人，辛棄疾禁不住用力拍擊著一塊塊寬大的城磚，高聲誦讀蘇東坡的〈念奴嬌·赤壁懷古〉：

大江東去，浪淘盡，千古風流人物。故壘西邊，人道是，三國周郎赤壁。亂石穿空，驚濤拍岸，捲起千堆雪。江山如畫，一時多少豪傑。

這位山東漢子的雄渾聲音和滿身豪情，在高山峰嶺間久久地迴蕩著。

在北京考場，辛棄疾見到了分別經年的同學黨懷英。如今的他頗有風度，滿腹經綸，對於科舉考試一副志在必得的樣子。

兩個人寒暄敘舊，想起當年的同窗生涯，年紀輕輕，都不免感嘆歲月的流逝。但是，一說到將來的長遠想法，兩個

人依然意見相左，誰也不能說服對方，只好求同存異，辛棄疾禮貌地祝他能夠金榜題名。

這次遊歷使得辛棄疾收穫不小，他初步了解了金人統治下的京城狀況，知道金人統治下的漢人的生活情形和精神面貌，甚至，他還獲得一些金朝內部爭鬥和發展態勢的資訊。

三年後，到了金正隆五年（西元一一六〇年），二十一歲的辛棄疾再次以參加科舉考試的名義去大興府，這一次他走得更遠。

在前一次的基礎上，所經之處的地形地貌與城市布局他都觀察得更為詳細，凡是重要的地方，甚至畫下地形圖。一路上，他專心致志地勘察山河形勢，了解金軍動向，收集相關情報。

這一次，辛棄疾還去了北戴河和秦皇島，看到了雄偉的渝關（今山海關）。

他痛苦地感悟到，渝關早已不再是分隔東北和內地的關隘，而只是金人隨意進出的一個通道和站點。

從濟南到北京，大約一千里地，來來回回要一個月左右的時間。沿途之中，辛棄疾親眼看到金人的統治為北方漢人帶來怎樣巨大的災難，所經之地，漢人生活艱難，民不聊生。

看到祖國的大好河山落入敵手，又經過與党懷英的思想

## 第四章　聚義起抗金 歷城得解放

交鋒，他也深刻感受到人性的複雜，某種程度上更堅定了他抗金的決心，並增強了迫切感。

從京城回到濟南，年輕的辛棄疾已經開始有了更為具體的打算，人生走向的路線和時間軸也已初步確定。除了年輕的學者、劍客和詩詞作者，現在，一個新的角色正在不遠處冥冥中呼喚著他。

金正隆三年（西元一一五八年）十一月，海陵王完顏亮為南下滅宋，藉口南京開封府（今河南開封）大內失火，命左丞相張浩等營建宮室，又派宦官梁統監工。他們把宋朝原有宮室全部拆除重建，工役氣魄宏大，有時光是運一件巨型木頭就要花費兩千萬錢，拉動一輛車就需要動用五百人。宮殿中遍飾黃金，間以五彩，一殿之費用以億萬計。一座大殿修成後，監官梁統說某處不合法式，就得拆掉重建。經過此次勞民傷財的修整，開封府看上去的確煥然一新。

這時候，辛棄疾已從開封回到家鄉好幾年了。

也就是這一年，金朝統治下的臨沂人趙開山領導當地農民起義抗金。為表其決心，他把姓名倒置，自稱開山趙。起義爆發後，很快達到一萬多人，先後攻占了密州（今山東諸城）、日照等地。後來，起義軍發展到三十多萬人，在淄博和濟南一帶騷擾、攻擊金軍。

從大興府回到家鄉後，辛棄疾更加堅定起事的決心，他

曾祕密與開山趙的起義軍接觸，但唯一的牽掛就是爺爺辛贊還是金朝官員，一旦辛棄疾暴露反金的身分，必然會牽累到他老人家。所以，辛棄疾只能繼續忍耐，他一邊和家族定時悄悄地聚集人馬，定時到濟南南部山區習武、練陣，一邊按捺住急迫的心情，等待一個合適的時機。

第二年，爺爺辛贊年屆七十歲，年事已高，精力不濟，身體也出現不少問題，本來就想早日卸任的他這下有了充足的理由。在金朝的統治體制內做官這麼多年，每每想起來，內心滿是痛苦。現在終於可以卸任歸鄉，頤養天年。

這年夏天，分別好幾年的爺孫倆，得以在故鄉團圓。

出現在爺爺辛贊面前的辛棄疾已經長大成人，炯炯有神的目光，透露著堅毅。因為長年習武，他已練出一身結實的肌肉，魁偉壯碩；而飽讀詩書，讓他英武之餘還多了幾分儒雅氣質。

辛贊將右手搭在孫子渾厚的肩膀上，相伴向家中走去。

爺爺歸鄉，辛棄疾正好有當面盡孝的機會。從小就跟著爺爺，儘管爺爺對他從不嬌生慣養，但偏愛總在所難免，尤其是辛棄疾父母去世後，爺孫倆更是相依為命，有時須臾不能分離。辛棄疾跟著爺爺到亳州生活，無論是沿途對山水名勝與人文古蹟的遊覽，還是對孔子到曹操、齊桓公到管仲的拜祭，在這些名勝古蹟和曠世英才之間逡巡所產生的精神崇

## 第四章　聚義起抗金 歷城得解放

敬，都融入辛棄疾的思想和血液中。

他永遠忘不了在曲阜孔子墓前爺爺對自己的諄諄教誨：七尺男兒當以國事為重，山東漢子更應該專心致志在國家的統一大業上！爺爺還告訴他，大多數時候，個人的命運和國家命運、時代走向之間，永遠密不可分。

這些年來，每次想到爺爺在泰山頂上那深邃的目光，略顯失望的神情，和那一聲長長的嘆息，辛棄疾周身都會湧起一陣長久的衝動，恨不得立即披掛上陣，指揮千軍萬馬，擄殺金兵，收復家鄉與北方淪陷之地。

辛棄疾和家族裡的人仍然定期到山裡集中演習、操練，有時候也會聚集一些人，在辛家的院子裡悄悄地切磋武藝，練習軍隊布陣對壘、攻城守地的策略。這一切，辛贊都看在眼裡。他知道，在辛棄疾的心裡，必定有著一個堅定而雄偉的計畫。他還欣喜地看到，辛棄疾不光已然變得成熟，而且能夠從容統領濟南城內外辛姓家族成員，既親如兄弟，又密如戰友，該嚴肅時嚴肅，該放鬆時放鬆，完全打成一片。

這些年來，辛棄疾早已熟習兵法，騎射刀槍樣樣精通，武藝高超，劍術尤佳。他的威名在家鄉歷城一帶已遠近知曉。

與此同時，辛棄疾的詩名在濟南文學界幾乎盡人皆知。才二十出頭的辛棄疾儘管文名初具，很有可能還處於他自謙

時所言「為賦新詞強說愁」的階段，但他平時的主要精力並沒有集中於此。

為了替爺爺治病，辛棄疾四處求醫問藥，平時一有機會，他就會陪爺爺聊天。一旦辛贊身體好轉，爺孫倆就會探討宋金軍隊力量對比等問題。辛贊恨不得在最短的時間內，把這些年自己這方面的見聞、積累與思考，悉數傳授給辛棄疾。

在兩個人的深度交流中，辛贊欣喜地感受到，孫子已經不再是當年那個跟著自己求學亳州、旅居開封的少年，他已全然成長為一個戰士，一個勇士，一個武林高手，一個心懷宏願的將領之才。他十分清楚地知道，時至今日，一旦將來有什麼風吹草動，形勢變化，孫子絕對能夠自如應付，掌握自己的命運，做出一番很可能驚天動地的偉業。

辛贊的身體每況愈下，咳嗽也開始加劇，他隱約感覺到，有什麼東西正從他的身體中被一根根抽去。他似乎有所預感，大限已經為期不遠。

面對虎狼一般的北方金廷，南宋用忍讓和屈辱所換取的短暫和平，也常常命懸一線，十分脆弱，說不定什麼時候就會被猝然擊碎。

自紹興和議（西元一一四一年）以來，南宋和金國之間經歷了將近二十年的和平對峙時期。海陵王完顏亮自

## 第四章　聚義起抗金　歷城得解放

一一四九年弒金熙宗登基後，南侵的野心再度興起。其實，早在完顏亮篡位以前，在和部下一次閒談中他就說過：「我一生有三個志向：第一，一切軍政大事由我自己決斷；第二，率師遠伐，逐鹿中原；第三，納天下絕色為我一人享用。」後來他篡位成功，不擇手段占據前朝所有他中意的絕色女子。剩下的最後一個「志向」，自然就是「逐鹿中原」。

金朝派遣大臣出使南宋，完顏亮暗中派畫工藏在隨從中，描繪臨安城邑及吳山西湖景色。回去後，令做成畫屏，並在吳山頂畫上他策馬而立的畫像，並親自在畫上題詩：萬里車書盡混同，江南豈有別疆封？提兵百萬西湖上，立馬吳山第一峰！

其侵吞南宋的野心已昭然若揭。

還有一次，完顏亮對一位下屬說：「你不要議論可否攻宋，只要告訴我征服趙宋需要多久？」那個部下想了想說：「至少需要十年。」他聽罷不耐煩地說：「十年太長了，我想以月來計。」

金正隆五年（西元一一六〇年），完顏亮在女真、契丹、奚三個民族的百姓中徵兵，不限數額，年齡二十歲以上、五十歲以下的男丁都在徵集之列，共徵集二十四萬人，其中精壯的十二萬人稱為正軍，體弱的十二萬人稱阿里喜（正軍之副從）。一正軍與一阿里喜搭配組成一軍，共分為

十二軍。繼而又派人到各路漢民與渤海民的居住地徵兵抽丁，又湊集了一支二十七萬人的隊伍。此外，完顏亮還把軍中精於射箭的五千人挑選出來組成一支親軍，號稱「硬軍」或「細軍」。這些軍士享有極高的待遇，他們都忠於完顏亮，勇猛善戰。

在南宋和金國的邊界，戰爭的烏雲再次密布，大戰一觸即發。

第二年初春的一天，天還很冷，辛棄疾和往常一樣，帶領上百名族人再次來到濟南南部山區習武練兵，演練軍陣。忙碌一陣後，辛棄疾覺得有些心煩意亂，一時不知所措。他乾脆來到武器庫房，挑選了一支紅纓長槍，走到山間的一片空地，瑟瑟生風地舞了起來。

對於辛棄疾來說，每當遇到什麼煩悶的事情時，打上一套拳，或者練上一陣兵器，甚至乾脆騎馬在原野間奔跑一陣子，出一身汗，心情就會好很多。

他發現，這一次與往常明顯不同。不知道為什麼，他總是不能非常集中，恍惚間有些暈眩，動作明顯變得遲緩。他乾脆停了下來，將手中的長槍丟在地上。那把紅纓槍還在地上彈跳了幾下，才不動了。

就在這時，他看到一匹黑色的快馬從遠處奔馳而來，騎在馬上的人正是家裡的管家辛忠。一到辛棄疾跟前，辛忠翻

## 第四章　聚義起抗金 歷城得解放

身飛快地下馬，上氣不接下氣地說：「辛公子，老爺快不行了，您趕快回家看看吧，他一直喊著你的名字呢！」

辛棄疾快馬加鞭，經過家門外那片頹敗的池塘，滿池的荷花已經凋落殆盡，一片蕭殺的秋天景象。等他趕回家中時，已經是中午時分。

一進家門，辛棄疾看到一家人都圍在辛贊的身旁，有的關切，有的擔心，有的在默默祈禱。辛家幾代以來，唯有辛贊官職最高，是家裡的梁柱。但是，辛贊畢竟年事已高，生命更迭的自然規律誰也無法逃脫。

辛贊已有一個多星期沒有下床，從這天早上起來就開始水米不進，一下清醒一下迷糊，有時候還會囈語。

看到辛棄疾到了，辛贊的精神頭忽然好起來，他輕輕咳嗽兩聲，喉嚨裡的痰好像也沒有了，本來黯淡的目光此時變得炯炯有神。有經驗的人都知道，年老病危之人如果精神突然有所好轉，可能只是迴光返照。於是，大家都默不作聲，偌大的屋子裡一下子變得靜悄悄的，時間好像停滯了一般。

辛贊示意身邊的人要坐起來，然後看向辛忠。辛忠轉身從裡屋取出一把帶鞘的寶劍，遞到他的手裡。辛贊目光堅定地看著辛棄疾，將那把寶劍往外用力抽離出一小截，劍鋒剛剛露出時，就看到一道光在空中閃動了一下。然後，辛贊又很用力地將劍插回劍鞘，將它交到辛棄疾的手中。

在場的人，也許還有人記得，整整二十年前，辛棄疾一歲抓周時，伸出小手指向高處，那時候牆壁上掛著的，就是這把棠溪寶劍。

這是一把辛家祖傳寶劍，現在它傳遞到了辛棄疾的手裡。

對於棠溪寶劍，范文瀾《中國通史簡編》記載：「河南西平有冶爐城，有棠溪村，都是春秋時韓國著名鑄劍處。西平有龍淵水，淬刀劍特堅利。」《史記》中曾有記載：「天下之劍韓為眾，一曰棠溪，二曰墨陽，三曰合伯……」

辛贊用著最後的力量，語氣沉穩地告訴辛棄疾：「這把劍跟過你的父親，而且還見到過金人的血，希望你將來能用它為國殺敵，為父報仇。」

辛贊又把辛忠招來跟前，託付他好好輔佐、照顧辛棄疾。

辛忠今年已經三十六歲，原名叫吳世貴，河南濮陽人，靖康之變前，金兵侵略到濮陽城，燒殺搶掠，無惡不作，辛忠父母均被金人所殺。三歲的辛忠成了孤兒，流浪街頭。後來流落濟南，被辛贊收養，改名辛忠。長大後因有文采、通武略，為辛贊賞識，視如己出，漸漸成為他官場的幕僚和助手，二十多年下來，幾乎成了家裡不可或缺的一員。某種程度上，他還是辛棄疾的武術導師，從小就親自教辛棄疾練拳習劍。

## 第四章　聚義起抗金 歷城得解放

聽著辛贊的臨終囑託，此時的辛忠已經淚流滿面，他強忍住內心的悲傷，頻頻點頭。

不一會兒，辛贊微微環顧四周，微微笑了一下，眼睛便緩緩閉上。

辛贊出殯那天，正趕上一場大暴雨。送葬的隊伍冒雨前行，人們都被淋得渾身濕透。送走爺爺後，辛棄疾來到父母的墳前，為他們燒紙、磕頭。

十幾年轉眼過去，父母的音容和那些溫馨記憶已經多少有些模糊，但為父報仇的意志，在辛棄疾心裡歷久彌堅。辛棄疾最早對金人的仇恨，主要是源於他從小感受到的金人壓迫。再後來，又是父親的死，這種仇恨不共戴天。

這些年來，爺爺身不由己替金人做官差的同時，一直灌輸給他的卻是抗金復國的思想。

漸漸地，那些對故國山河的遊歷心得，對典籍中忠君報國的理想養成，加上像岳飛那樣的抗金英雄的影響，使得他對金人的仇恨超越當初的起因，也超越了父仇的層面，而上升到國家與民族氣節的高度。如今，收復中原已經成為他此生的最高理想，故鄉、家族和親人的傷痛，都附著在這更深刻的國恨之上。

靖康之難已經過去三十四年了，恢復宋朝江山的大業目前還遠沒有盡頭，但他對金人的仇恨卻與日俱增。

現在，一切都已經改變。

站在祖墳之地，舉目北望，不遠處就是歷城。

至此，伴隨辛棄疾長大的親人一個一個都離他而去。除了生離死別的悲傷，對他而言，還有著另外的深意——那就是從今往後，沒有了家人的眷顧和關懷，無論遇到什麼問題，他都只能獨自面對這個世界。

當然，無論想做什麼，他也可以毫無罣礙地去做了。

從那往後，家族裡的人都感覺到，和以前相比，辛棄疾去南部山區的次數越來越多。同時，四風閘村的人還看到，年輕的辛棄疾身上，比過去多了一把佩劍。他們知道，那是爺爺辛贊傳給他的。也許，只有他自己最清楚，那把劍對他意味著什麼，和身分的象徵相比，它更是一種激勵與提醒。因為故鄉和中原大地還淪陷於金國，從小立下的志願還未能實現，多年的祕密備戰還沒有派上用場。

這天傍晚，辛家後花園裡，辛棄疾一人獨立良久，然後向左微微側身，徐徐抽出那把寶劍。依稀的光線中，那把劍閃著寒光，而正是那道光，喚醒了辛棄疾心中一種難耐的激情，像一團火苗一樣急遽地燃燒起來。

他先是緩緩揮動著那把三尺長劍，向著右前方，用力做了一個劈殺動作，隨後，全身跟著劍鋒移動，整個人都舞動起來，那把劍的金黃色短穗在空中不停翻飛。

## 第四章　聚義起抗金 歷城得解放

在中國，劍是一種古老的兵器，兩邊開刃，有筆直的劍身和尖銳的頂部，舞動時左右兩邊都具有殺傷力，用劍尖攻擊可以輕易穿透甲衣。春秋晚期至戰國是中國銅劍最發達的時期，有名的越王句踐劍等，都是這個時期的重要作品。從那時起，還出現過一股「劍術熱」，一大批鑄劍師、劍術家活躍在歷史舞臺上，如越國的鑄劍師歐冶子，齊國的張仲和曲城侯。到了宋代，劍較漢朝時更長，且品質更優。劍的擊法也自古有之，分為抽、帶、提、格、擊、刺、點、崩、攪、壓、劈、截、洗、雲、掛、撩、斬、挑、抹、削、扎、圈等，有二十多種。棠溪劍自古有名，為中國九大名劍之一。

辛棄疾在亳州時已經開始系統學習劍法，到開封後辛贊還專門帶他遍訪名師，加上平時勤學苦練，劍術有明顯增長，甚至超過一般的劍術師。尤其是他的反手抹殺已經練為一絕：首先右手揮劍向對方砍去，等對方格擋之時，瞬間回轉手腕，長劍從持劍者身前劃出一個弧形，劍鋒瞬間又從左側提截而至，劍的外側刃面直達對方咽喉，而對方的精力主要集中於防護此前的那一劈，無暇顧及這反手一抹。此招最關鍵的地方是動作隱蔽，身體與步伐協調，回腕速度極快，從而以迅雷不及掩耳之勢擊殺敵手。

辛棄疾正舞劍興起，辛忠匆匆來到後花園，對他說，又

有一支民間武裝的頭領前來拜訪。辛棄疾收起長劍，到前院去見客人。

自靖康之變以來，金朝統治中原的這些年裡，北方漢人的反抗時有發生。

辛棄疾在南部山區的祕密訓練，吸引了地方的一批抗金人士，紛紛加入這支隊伍。最近一段時間，四面八方慕名而來的勇士更是絡繹不絕。

這種祕密練兵，始於辛棄疾的父親，二十年來，在辛家家族中沒有停止。這些經過嚴格訓練的兵丁平時可以看家護院，防盜禦賊，最主要的還是用來提防金兵可能帶來的傷害。由於中原占領區局勢的不穩定，一旦到戰事前後，金人兵力上的不足，對於漢民各地這種武裝勢力的存在也就睜一隻眼閉一隻眼。

紹興和議後，金人漸漸在中原站穩腳跟，開始向這裡大批派出屯田軍，也就是金人的猛安謀克軍戶。猛安，又譯萌眼；謀克，又譯毛毛可、毛克。金朝統治者創行屯田軍，將在東北地區的女真猛安謀克徙入內地。這種屯田猛安謀克人戶，實際上是由女真人充任的世襲職業軍戶。在內部，猛安謀克又分為上、中、下三等，宗室為上，餘次之。三百戶為謀克，十謀克為猛安，其成員、戶數前後亦有變化。謀克本意為族長，在女真諸部由血緣組織向地域組織轉化後，又有

# 第四章　聚義起抗金 歷城得解放

鄉里、邑長之意，再引申為百夫長、百戶長。在金朝，猛安謀克一詞既是職官的代稱，也相當於軍隊編制和地方行政組織的兩級單位，還是戶制，也有世襲爵銜的意思。

金原有人口大約五百萬人，單在那一段時期，光是金朝遷居中原地區的人數就有兩百多萬人，徙往今內蒙古自治區一帶的有四十餘萬人，留居東北地區的約有兩百多萬人。遷來的這些人常常不事生產，又疏於訓練，戰鬥力逐漸下降。他們不歸各州縣管理而是自成一體，但州縣要按照人數撥給田地。他們在原有漢人的村落之間修房蓋屋，常常恃勢搶占大量漢人的良田和住房，自己卻不勞動，再強迫漢人佃農為其耕種。他們對漢人的剝削十分酷烈，往往提前兩三年收取田租。漢人佃農在自己的土地上，忍受著來自異族的壓迫，卻只能心懷憤恨，艱難度日。

金人從漁獵民族演化而來，經歷奴隸制時間較長，其統治仍然具有明顯的奴隸制色彩。他們除了發動戰爭掠奪上百萬人為奴，平時也在占領區設法將漢人貶為奴隸，下令「欠公私債無可還者，沒身及家屬為奴婢償之」，將兩千年前的野蠻制度移植到當時的漢人身上，這對於已經習慣享有人身自由的漢民來說是痛苦無比的。

然而，占據中原之後，金人的慾望並沒有完全得到滿足。弒君篡位的完顏亮是一個很有野心的君主，他成為新一

代金國皇帝後，差不多有十年的時間，一直在為徹底吞併南宋做著各方面的準備。完顏亮南侵的目的只有一個，就是要統一天下於女真人之手，建立屬於女真人的龐大帝國。

到了金正隆五年（西元一一六○年），他似乎覺得一切都已經準備就緒。

這一年十月，南宋派使臣虞允文到金國祝賀新年，宴飲之間，完顏亮別有用心地對他說：「我將在洛陽看花！」

洛陽歷史上素有「東都」之稱，以牡丹名滿天下。歐陽脩曾寫道：「直須看盡洛城花，始共春風容易別。」完顏亮的話外之意不言自明。

之所以能言語至此，說明完顏亮和女真人的確沒有把偏安一隅的南宋和懦弱、苟且的趙構放在眼裡。

為了打造攻打南宋的戰船，完顏亮曾嚴令韓錫、張仲愈等人在通州潞河上督促工匠日夜加班，監工常常鞭打這些工匠，竟然逼得他們七天七夜不得休息。有的人腿都被水泡爛，生了蛆，累死病死的更是不計其數。同樣，戰爭所需的軍械物資也都來自民間，以至「箭翎一尺至千錢」，逼得百姓只好屠殺耕牛，以提供製造軍械用的牛筋、皮革、牛角。為籌集軍費，完顏亮巧立名目，向各族人民徵糧收稅，竟然發生先借民間稅錢三五年的奇聞，使百姓苦不堪言。

為了組建一支鐵騎軍，完顏亮下令蒐集天下馬匹，七品

# 第四章　聚義起抗金 歷城得解放

以上官員只能留一匹馬，民間馬匹則一概徵用。完顏亮還荒唐地規定，要將東邊的馬匹調給西邊的軍隊，而西邊的馬匹則調給東軍。這些馬匹在調動過程中，晝夜不絕，死馬狼藉於道，馬匹過境踩踏，田中隨意放牧，致使莊稼嚴重受毀。有些官吏因馬匹死亡太多或者籌不夠數，恐擔罪名而自殺。就這樣，完顏亮在全國徵調了五十六萬匹戰馬。他還下令將河南州縣所貯糧米供給軍隊，不得挪作他用。

女真人的侵奪行徑再次激發漢人的強烈反抗，除了南宋朝廷積極抗戰外，在金人統治的北方，有些地方的漢人不堪長期遭受女真人壓迫，紛紛揭竿而起，匯入全國抗金的洪流中。實際上，這種抗金起義在中原各地一直存在，少則幾百數千人，多則上萬甚至幾十萬人。當年岳飛在宗澤的指揮下保衛開封時，就曾經招募過活躍於中原一帶的起義軍。

到金人再次南侵前夕這一段時間，北方許多地區更是接連爆發農民起義，有的和宋朝遺留下來的抵抗武裝合作一處，一時形成星火燎原、彼此呼應的局面，大興（今北京）有王友直，山東密州（今山東諸城）有開山趙，濟南有耿京，海州（今江蘇連雲港）有魏勝。「潼關以東，淮水以北，奮起者不可勝紀」。

這些起義武裝規模不等，人數不一，方式不同，有的拉起龐大的有建制的隊伍，積極配合南宋軍隊阻擊金軍；有的

組成游擊隊，透過各種方法騷擾金人；也有的組成形式不一的自衛隊、保安團，保護自己的鄉里，與金軍對峙。

金正隆六年（一一六一年）初春，轉眼祖父辛贊去世半年多過去了，全國各地抗金起義的消息不斷傳來。二十二歲的辛棄疾熱血沸騰，感到自己報效祖國的時機已然來臨，那個等待多年的日子就要到來。他對自己未來的道路走向，已經有了相對清晰的謀劃。

種種跡象表明，金朝很可能要對南宋大舉進攻，金人在境內抽調兵力，移師前線，加上還要分出精力對付各地抗金暴動及民間武裝，導致金國統治地區防守力量削弱，有的地方甚至出現統治真空。北方起義軍打擊金人，甚至很多地方出現了起義軍攻城略地的情況。

此時的完顏亮已經被他吞併天下的狂想完全攫住，其他方面無暇顧及，這也正是北方各地起義軍風起雲湧的有利條件。

年輕的辛棄疾審時度勢，敏銳地看到了這一點。

能在紛繁複雜的局面中保持頭腦清醒，並且對大局和局部之間關係的判斷準確及時，能夠看清楚事物的主要矛盾和發展方向，是一種難能可貴的能力。只有這樣的人，才有可能抓住機會，一舉成功。

北宋初期，濟南稱齊州，屬京東路，到北宋政和六年

## 第四章　聚義起抗金　歷城得解放

（西元一一一六年），齊州升為濟南府，治所設在歷城。金國統治濟南時仍置濟南府，屬山東東路，領歷城、臨邑、齊河、章丘、禹城、長清、濟陽七個縣。

當時的濟南府也不例外，金軍大部分兵力被調往南方，只剩下不到五千人，其中還有不少被迫充軍的漢人。

經過仔細偵查和周密計劃，辛棄疾決定起事時首先攻下歷城，這樣一方面可以打擊敵人，另一方面也可以獲得充足的武器和給養。辛家軍祕密操練已經很多年，一直還沒有機會上戰場真刀實槍地對戰，現在，機會終於來了。

這是暮春時節的一天，太陽照常升起，人們和往日一樣起床、吃飯，然後種田。然而，對於四風閘村的辛棄疾來說，這是非凡的一日。

他和辛忠在家族中挑選了數百名青壯年，加上四風閘村和濟南的一些豪俠壯士和陸續前來投奔的各路英豪，共一千多人，個個都驍勇善戰，其中很多人參加過辛家軍的祕密訓練。

辛棄疾研究金國的軍事和布防情況已經多年，對歷城的情況更是做過周密考察，可謂瞭如指掌。加上他平日裡熟讀兵書，對各種戰法都諳熟於心。這次，他和辛忠反覆磋商，精心制訂了周密的計畫。

這時候，耿京起義軍已經先後打下萊蕪和泰安，那麼，

濟南的南邊可以高枕無憂，不會有金兵出現。於是，辛棄疾派出三路人馬，到距離歷城東西北三個方向五十里遠的地方埋伏下哨所，分別監視青州、東平和德州方向，一旦發現有增援的敵情，迅速回稟。

歷城內雖然守兵不多，但城牆高大，壁壘森嚴，辛家軍人馬有限，又缺乏攻城的武器和經驗，所以只能智取。歷城守兵中有很多漢人，辛棄疾事先早派人做好工作，發展出不少內線。這些內線分布在東西南北四個城門和府衙內，一旦兵起，就會倒戈一擊，裡應外合。此外，辛棄疾還派出兩百人左右的精銳人士，事先喬裝打扮，帶上偽裝好的兵器，埋伏在城裡，等大隊人馬一到，他們立即迅速占領城門、府衙、軍營及交通要道。

這一天，辛棄疾和辛忠在家中祭拜過祖先，舉行儀式，共同發誓驅除金兵，收復大宋山河。然後，換上戎裝，裝備武器，率領人馬，浩浩蕩蕩來到歷城城下。

事先埋伏在東門的內應立即行動，殺掉頭領和一些頑固的金兵，說服其他漢人歸降辛家軍，打開城門，迎接義軍入城。

駐守在此的猛安謀克戶，平日裡對歷城人極盡壓迫之能事。在歷城漢民心中，仇恨的情緒就如同地雷，一旦到合適的時機，就會燃燒起來，甚至劇烈地爆發。知道辛家軍要攻

## 第四章　聚義起抗金 歷城得解放

打歷城，並已經突破東城門，這裡的百姓紛紛拿起武器，加入趕殺金兵的行列中。歷城守軍中大量的漢人士兵一看這種情形，紛紛脫掉金兵軍服，有的逃走，有的直接跟著義軍去和金兵作戰。

濟南城和別處最大的一個不同是，四個城門中，北門位於大明湖北岸，屬於水門。濟南城內幾大泉群的水噴湧流至大明湖，從北門匯進護城河。北宋熙寧五年（西元一〇七二年），時任齊州知州的曾鞏在北水門加築水閘，防止城外洪水倒灌入城，裨益後世。當時，曾鞏還專門寫有〈齊州北水門記〉。北水門平時處於關閉狀態，一般情況下和城市攻防無關。

南門很快也被辛家軍占領，只有西門處出現頑強的抵抗。辛家軍一邊迎戰守敵，一邊不忘對其中的漢民動之以情曉之以理，鼓勵他們反戈一擊，共同對付異族壓迫者。許多漢人看到辛家軍來勢非同小可，守城的金軍漸漸不支，當官的比當兵的跑得更快，便紛紛倒戈加入起義軍陣營。這樣一來，戰鬥雙方的局勢很快變成一邊倒。

辛棄疾騎著一匹黑色的戰馬，身先士卒，連續用長槍挑死幾名張牙舞爪的金兵，帶領辛家軍，穿過歷城街巷，突向知府衙門。

不到兩個時辰，守城的金軍死的死，逃的逃，濟南知府

張庭鈺在一撮金兵的護衛下，從西門逃之夭夭，辛家軍很快就占領歷城。

在府衙大院內，辛棄疾立即將義軍重新編隊，指定臨時指揮者，並向大家說明起義的目的和今後的去向，同時頒布嚴格的軍令，將繳獲的馬匹、糧草等物資一一登記在案，告誡起義軍不得隨意搶掠，不得干擾百姓，不得調戲婦女等，還把繳獲的一部分糧食分發給城裡的百姓。長久經受金人壓榨的歷城百姓見此無不拍手稱快，歡呼雀躍，他們期盼的時刻終於來臨。

辛家軍占領歷城的消息迅速傳開，濟南地區的百姓奔走相告，集聚在心中多年的惡氣終於一吐為快。

# 第四章　聚義起抗金 歷城得解放

# 第五章
## 大捷靈巖寺 會盟宏願張

## 第五章　大捷靈岩寺 會盟宏願張

歷城被破的消息也震驚了金國，他們立即從青州、德州派出大批金軍，向著濟南壓境而來。

三天後，辛棄疾事先安排的探子報來消息說，東邊和北邊的金軍正在逼近歷城。

在辛家軍內部，大家初嘗攻城拔寨的快感，但不少人雖對金軍懷有深仇大恨，卻又不願意遠走他鄉，就主張多多招募兵馬，堅守歷城，和金軍拚死一搏，打退他們的進攻。

攻破歷城之後，許多濟南子弟紛紛要求加入辛家軍，共同殺敵，再加上金軍中歸正的漢人，一時間，起義軍人數達到兩千多。

辛棄疾知道，憑著幾千臨時拼湊起來的隊伍，要想長時間占據一座城池和金軍抗衡，是不可能的事情。他和辛家軍的幾個首領反覆向士兵們說明抗金戰爭的策略，然後說服大家盡快組織人員，拉上繳獲的兵器和軍用物資，盡快轉移到濟南南部山區靈岩寺一帶。

剛剛揚眉吐氣才兩三天的濟南漢民們，依依不捨地眼看著辛家軍隊伍整齊地撤出歷城，開往南部山區。

早在起義軍攻打歷城之前，卓有遠見的辛棄疾就已經考察好靈岩寺的狀況，提前派人來這裡和寺院內的僧人與周邊的百姓聯繫，先行安頓起義軍的營寨修築事宜。當地百姓聽說辛家軍要來山裡駐紮，久受金人欺負的他們都歡天喜地地迎接。

這天下午，辛棄疾腰佩寶劍，騎著那匹黑色戰馬，率領辛家軍來到靈岩寺。

當年，辛棄疾跟著爺爺辛贊去亳州時，就來過靈岩寺，辛贊和這裡的淨明方丈是好友。後來，辛棄疾和家族裡的人在南部山區祕密練兵時也曾多次來到靈岩寺實地勘察，他幾乎跑遍了這裡的每一個山頭，反覆研究過此處的地形特點。幾年前，淨明方丈已經以八十三歲高齡圓寂。

辛棄疾率眾起義的消息不脛而走，傳遍歷城周邊地區，不堪忍受金人壓迫的百姓應者雲集，幾天的時間就聚集起三四千人，他們在靈岩寺一帶紮起營寨，舉起辛家軍大旗。辛棄疾一時聲名遠播，成為人們口中的英雄豪傑。

靈岩寺位於濟南和泰山之間，是濟南南下泰安、曲阜及通往江蘇的要道，其軍事位置十分顯著。它坐落於靈岩山南麓，靈岩山也叫方山，山頂平坦，四壁陡峭，易守難攻。山的南邊，是下切較深、草木茂盛的靈岩峪，靈岩寺就建於山峪盡頭的山坡上。

繞過靈岩寺，是一條條上山的羊腸小道，曲折迂迴，蜿蜒而行，半山腰處，有只容一人透過的險要之地，如同天造地設的關隘。靈岩寺主峰海拔六百六十八公尺，周邊群峰並峙，有方山、獅山、香山、朗公山、明孔山、珠山、靈山、象山、雞鳴山、黃峴山等，山山相連，能進能退，十分適合

## 第五章　大捷靈岩寺 會盟宏願張

起義軍作戰和轉移。這一帶自然景色壯美，因為山體屬於獨特的岩溶地貌，千萬年的自然進化使得這裡山洞密布，有麻衣洞、白雲洞、觀音洞、黑雲洞、涵雲洞、朝元洞、老虎洞等，小的只能容下三兩個人，大的則能容納數百人，便於起義軍駐紮與躲藏。此處山泉眾多，光是有名的就有甘露泉、卓錫泉、白鶴泉、袈裟泉、石龜泉、上方泉、華嚴泉、朗公泉、神寶泉、觀彩泉、黃龍泉、臥象泉、擅抱泉等。此外，山上樹木繁盛，物產豐富，野果多樣。

靈岩寺南邊倚靠泰山，可進可退，只有靈岩峪一條山道通向外界，離開外面的官道有十里之遠。

辛家軍人雖不多，但在辛棄疾率領下，紀律嚴明，對當地百姓秋毫無犯，部隊管理得井井有條。而且，辛棄疾一向重視軍事戰爭中的偵查和哨探，「知己知彼，百戰不殆」，這是貫穿在辛棄疾軍事思維的一個重要原則。

辛家軍初步定下的策略是，帶領起義軍駐紮於靈岩寺一帶，依靠山高林深與金兵周旋，伺機出動，打擊濟南地區的金軍，同時等待南宋朝廷收復中原的大軍一路殺來，加入其中，實現為國立功的大願。

辛棄疾在沿途的村裡都設置了情報人員，一旦金軍有什麼風吹草動，軍帳中的他很快就會知曉。

辛家軍每天在寺前空地上操練隊伍，尤其是對新加入的

人員加強訓練，教導他們練習各種兵器，熟悉演練多種打法和陣法，以及游擊戰術中的各種突襲與撤離方式。

辛棄疾則在寺廟內四處逡巡，閒暇有興時，他會在那幾棵千年銀杏樹下打拳練劍。有時他不免感慨，爺爺傳授給他的棠溪寶劍現在總算有了用武之地，爺爺和父親寄予自己的厚望即將實現。這位後來名聲大噪的詞人，此時才剛剛成為一名初級的軍事指揮者，還沒有心情和時間去舞文弄墨，而是提劍帶槍，策馬奔突，帶領他的士兵奮勇作戰。

起義軍和山裡的百姓建立起良好的軍民關係，受到當地百姓的擁戴和支持，有的乾脆將家裡的青壯年送到起義軍，有的定期送起義軍柴米油鹽，以實際行動支持抗金。

此時，另一個濟南人耿京已經率眾在濟南南部山區起義一年有餘。他率領的山東忠義軍已經擴增到幾十萬人，分別攻克了萊蕪和泰安，如今正劍指東平府。加上濟南又出了個辛棄疾，金軍不免加倍恐慌，遂派出大批軍隊予以彈壓。逃跑至德州的濟南知府張庭鈺，得到增援部隊後很快就率兵捲土重來。

大約是在當年五月底，辛棄疾安排在歷城的內線送來情報，說剛剛得到兵力補充的金軍近日要搜剿靈岩寺。辛棄疾和辛忠趕緊商量對策，準備戰前動員，針對金軍作戰的特點周密布防。

## 第五章　大捷靈岩寺　會盟宏願張

　　如果說上次奇襲歷城獲勝得益於大量漢人臨陣歸正，那麼，這次的金軍是有備而來，而且人數遠遠超過上次守城的金兵，對付起來難度更高。但對於聚集人馬占據山林的辛棄疾來說，他最大的理想就是收復中原，最渴望的事情就是斬殺金兵。現在，這些敵人就要送上門來，何不藉此機會殺個痛快？

　　靈岩寺的義軍人數雖然不多，但個個精銳，他們經歷過常年訓練，又剛剛參加完攻克歷城的戰鬥，可以說鬥志昂揚。應該說，這是一支頗具戰鬥力的抗金精銳部隊。

　　這天一大早，山口的哨兵騎快馬來報，說有一支金軍鋪天蓋地從濟南開來，大約有一萬多人，直奔靈岩寺。

　　即將迎敵作戰的消息迅速傳遍軍營山寨，一切都按照辛棄疾的禦敵計畫有條不紊地進行著。

　　金軍的先鋒部隊剛到靈岩寺山口就遇到義軍的抵抗。義軍派出一隊步騎兵守在山口，經過一陣激戰，義軍抵抗不住，開始向山裡邊戰邊撤，金軍先鋒部隊尾隨而至，部隊緊緊跟在後面。

　　從山口到靈岩寺要經過一條五六里長的狹窄山道，不到一個時辰，等到來犯的金兵全部進入山峪路段，最前面的義軍撤進靈岩寺山門，轉眼不見了蹤影，寺門在金兵快到跟前時忽然關閉。金兵這才意識到很可能中了圈套，一時亂成一團，沒等他們回過神來，山峪兩旁猛地殺聲四起，山坡上滾

下來大量的巨石、樹樁，埋伏在半山坡的弓弩手萬箭齊發，打得金兵人仰馬翻，慘叫聲一片，紛紛四散逃竄。

靈岩寺前那條狹長的山道中間有好幾道彎，每個轉角處都地勢險要，逼仄收緊。這樣的關口在這段路途中有三四個，每一處都被義軍設下埋伏，這一下就將金兵截成了四五段，互相失去聯繫，無法相顧。這時候，義軍分幾路快速從山坡上衝下來，將事先準備好的木樁、樹枝和大石頭堵在山道的中間，擋住金兵前進和後退的道路。兩邊山上的義軍再趁勢攻擊，頃刻間金軍死傷無數，軍心大亂。

就在這時候，事先埋伏在山口的義軍開始攻擊金軍的後部。剛才消失在寺門後的先鋒步騎兵又重新殺出，撲向金軍，瞬間殲敵無數。整個靈岩寺山裡都成了硝煙瀰漫的戰場，喊殺聲混合著戰馬的嘶叫聲，震徹峽谷。

這時候，辛棄疾騎著那匹黑色戰馬，衝在隊伍的最前面，他的手裡舞動著一支鐵槍，威風凜凜，豪氣十足。只見他帶著一隊騎兵從敵軍被截開的斷裂處猛烈衝擊，來回奔突，將金兵打得落花流水，一時間鬼哭狼嚎。

當地百姓和寺院裡的僧人中，也有不少武藝高強者，看到痛殺金兵的機會終於到來，便也紛紛加入戰鬥。

大部分金兵分不清虛實，又失去了方向，於是紛紛倉皇失措，奪路而逃。

## 第五章　大捷靈岩寺 會盟宏願張

　　在山口處，義軍和金軍打得異常激烈。就在兩軍僵持不下時，從山峪的另一側突然殺進一支數百人的隊伍，也不講究什麼戰法，只是直接衝向敵陣，一陣猛砍猛殺。濟南知府張庭鈺躲避不及，竟被這支隊伍殺得七零八落。

　　原來帶領這支隊伍的是長清張夏山中一座寺廟中的義端和尚，平日裡聚眾數百人，占山為王，這次獲悉辛家軍要在此迎擊金軍，便不失時機前來助陣。這支隊伍大都是僧人打扮，有騎兵，有步兵，使用長棍長槍，和辛家軍一起，將金軍打得招架不住，四散而逃。

　　最後，知府張庭鈺大腿被一名義軍士兵的長槍刺中，幾名金兵快速過來掩護，張庭鈺才得以逃脫，向濟南方向倉皇狂奔而去。

　　在他背後不遠處，得勝的義軍發出陣陣歡呼。

　　戰鬥結束，清點戰場，義軍又繳獲大量馬匹和兵器。俘獲的漢人士兵，願意留下參加義軍的編入隊伍，願意回家的，辛家軍還發放銀兩盤纏，讓他們回去與親人團聚。

　　參戰的義端和尚前來拜見辛棄疾，辛棄疾將他熱情地引至軍營大帳，兩人傾情而談，都被強烈的抗金使命所驅動，相見恨晚。

　　再戰告捷，辛家軍以幾千人的力量打敗上萬的金軍，還接納了慕名而來的義端和尚與不少俘兵，起義軍隊伍明顯壯

大。但作為一個年輕有為的指揮官，辛棄疾的頭腦十分清醒，他知道，如果辛家軍依靠現在這樣的規模，仍然堅持在靈岩寺一帶活動，一是很難建立更大的功勳，再者，一旦金軍有備而來再次侵犯，雙方的勝負就很難說了。

在起義軍的指揮部會議上，辛棄疾條理清晰地分析當前的形勢。現在，靈岩寺地點已經暴露，經過實戰也發現，在裝備和訓練上與正規部隊相比，義軍還有明顯的差距。再就是義軍在火器的運用上明顯處於弱勢。此外，短時間內，南宋朝廷的大軍究竟會不會打到山東境內，很難判斷。

最後，大家形成一致決議，派出代表去聯繫耿京，表達要加入耿京山東忠義軍的願望。

在當時席捲整個中原地區的幾支起義軍中，濟南人耿京的忠義軍隊伍越來越壯大，逐漸聲震全國。他們最早起義是在濟南城東部的龍洞附近，很快應者雲集，先後攻打下好幾個城市，多次擊敗金軍，成為當時起義軍中的佼佼者。

辛棄疾原先和起義軍開山趙有過祕密接觸，現在正透過他設法與耿京取得聯繫。

沒多長時間，耿京忠義軍派人送來消息，表達了對辛棄疾的讚賞和尊重，並明確表示歡迎辛棄疾帶領辛家軍加盟。耿京還表示，他率領的山東忠義軍正準備攻打東平府，希望辛家軍能早日加入陣營，一起戰鬥。

## 第五章　大捷靈岩寺 會盟宏願張

　　就這樣，辛家軍在靈岩寺駐紮不到三個月的時間，在打完一場漂亮的勝仗後，再次集體開拔，一路向南，踏上新的征程。

　　金國占據北方後，一方面要處理好完顏阿骨打家族內部諸多矛盾，鞏固現有的皇權，另一方面，作為一個擅長征戰的剽悍民族，要想治理好偌大的國家，他們也深知向漢人學習中央集權的重要性，因此，金國也大量汲取北宋禮制和借鑑漢族皇權系統職能，同時注意尋覓合適的漢人作為他們的跟班或代言人。

　　從扶植張邦昌到偽齊政權劉豫，就是他們在這方面的嘗試，種種複雜的原因導致這些嘗試失敗。然後，金人只能自己來占據並統領大部分北方地域，但他們面臨的局面並不樂觀。和僅僅靠戰爭就能攻城略地不同的是，管理國家和統治人心要複雜得多。金人面臨的問題，一方面是統治系統和方法不夠完善，再就是猛安謀克制度加深了漢族與女真之間的鴻溝，加上過重的賦稅勞役，使得統治者和漢民之間的矛盾日益加深。還有一點，對於淪陷區的漢人而言，南宋的存在始終是他們心目中正統的國家象徵，雖然有些遙遠而無力，卻終歸能使漢民心有所屬。

　　種種因素加在一起，造成金國中原地帶長期不穩定。如今，完顏亮悍然發動侵犯南宋的戰爭，長達二十年的和平被

破壞，無論是南宋子民還是身處壓迫之中的北方漢人，仇恨與反抗的火苗四處閃現，漸成燎原之勢。

這一年，完顏亮厲兵秣馬，加緊做侵略南宋的準備，將大批的金軍調撥到淮河、大散關一帶的前線，而對中原廣大地區一時無暇顧及，有的地方明顯兵力不足。即便在金軍那些仍存的防守力量中，也有很多屬於簽軍，即由強行徵調來的壯丁組成的軍隊。這樣的隊伍一旦遇到緊張的戰事，就會進入你死我活的對壘狀態，其中的漢民常常會臨陣倒戈，加入反金行列。

一時間，北方各地的農民起義和抗金運動風起雲湧，此起彼伏，有的擾掠截殺金軍，規模大一點的乾脆攻占城鎮，驅趕金人。有的起義軍之間還相互融合呼應，重創金國的地方統治。

三十歲左右的耿京本是濟南地區一個農民，為人正直，性情剛烈，從小習武，愛打抱不平，聲名遠播，頗有北宋年間梁山好漢的遺風。他本想安穩過日子，沒想到猛安謀克一次次搶奪去耿家的良田，並橫加欺凌，多次傷害到他的家人。耿京走投無路之下，結盟地方豪傑，揭竿而起。

金正隆六年（西元一一六一年）初，耿京聯合了李鐵槍等六名抗金義士，在濟南東部郊區龍洞與藏龍澗一帶舉起抗金復國的義旗，與金軍展開你死我活的戰爭。

# 第五章 大捷靈岩寺 會盟宏願張

　　星星之火，可以燎原。剛開始，耿京起義軍只有數百人，限於打家劫舍、騷擾金人，但很快，在他豎起的大旗下應者雲集，濟南及周邊地區深受壓迫的青壯漢人紛紛加入，起義軍很快就發展到數萬人，耿京遂號稱山東忠義軍，自封天平軍節度使。節度使是唐朝沿用下來的官名，相當於一個地區的總管統兵，也稱都督或總管。耿京和他的山東忠義軍的影響漸漸擴展至外地，很多周邊省分的起義軍都紛紛從名義上加入耿京忠義軍陣營。

　　博州（今聊城）人王友直在河北大名起事，很短的時間內發展至數萬人，主動請歸耿京節制。江蘇宿遷人魏勝，長期率眾轉戰於海州（今江蘇連雲港）一帶，也願意歸耿京節制。山東臨沂人開山趙，本來叫趙開山，早在金正隆三年（西元一一五八年）就結豪傑而起義，擁軍數萬，金正隆六年相繼收復密州及日照等地，現在也慕名歸耿京節制。河南蔡州（今河南汝州）人賈瑞，在嵩山起事，乾脆率眾來投，直接和耿京合於一處。還有其他一些遠在外地的起義軍，也都名義上歸於山東忠義軍。

　　這樣，遍及山東、河北、河南和江蘇的諸多起義軍的加入，使得耿京的忠義軍發展迅速，不到幾個月的時間內就成為擁有幾十萬人的大軍，可謂聲名大震，勢不可當，所到之處，如同摧枯拉朽，對金人政權形成嚴重威脅，金兵常常聞

風而逃。

西元一一六一年初，耿京大軍在一個月左右的時間內，連續攻占萊蕪和泰安，四方百姓，簞食壺漿，歡迎義軍。

隨著忠義軍名聲日隆和活動範圍的擴大，金國和南宋朝廷都注意到了耿京。金國統治者對之驚恐不已，可又忙於準備南侵，一時難以北顧。南宋朝廷則聞之大喜，因為他的作戰牽制了金軍，減輕了宋金前線的壓力。

耿京也是濟南人，早在起義前就知道歷城望族辛家，也聽聞過辛家大公子的大名，十分清楚辛棄疾後來帶領家族人馬起事，殺進歷城，大獲全勝，然後屯兵靈岩寺。

聽到開山趙說辛棄疾意欲來投，耿京不禁大喜過望。在他的忠義軍中，驍勇善戰的大將不難找，出生入死的士兵也不難覓，但作為一支農民起義軍，最缺的就是知書達理、懂得兵法的「秀才」。耿京本來就有將辛家軍招至旗下的想法，現在辛棄疾主動提出聯合的願望，何樂而不為呢？於是，耿京趕快回信，力邀辛棄疾火速前來，共謀大業。

這天，辛棄疾帶領辛忠、義端和四千多人的辛家軍從靈岩寺啟程，翻山越嶺，一路向南，來到泰沂山脈萊蕪區段。

香山雄踞於萊蕪西北部大王莊鎮境內，是萊蕪第一高山，和東嶽泰山一脈相承，傲立於魯中地區的連綿群山中，主峰高九百一十八公尺，因山中盛產香草得名。其歷史悠

## 第五章 大捷靈岩寺 會盟宏願張

久，風光旖旎，山勢險峻，溝深林密，耿京的忠義軍指揮部就設在這裡的九天大峽谷內。

這天上午，耿京帶領王友直、賈瑞、張安國等大將站立在軍營大帳前等候，要為辛家軍的加盟舉行隆重的歡迎儀式。耿京身材魁梧，頗有大將風度，只見他眉毛濃密，臉型寬闊，面呈古銅色，一身鎧甲，英姿勃發。看到辛家軍到來，他一邊發出爽朗的笑聲，一邊快步迎上前去。

二十一歲的辛棄疾個頭高挑，面部稜角分明，兩隻眼睛炯炯有神，眉宇間透著一股逼人的英氣，腰間掛著那把棠溪寶劍，騎在那匹高大的黑色戰馬上，顯得威風凜凜，器宇不凡。在他身後，分別是辛忠和義端，再往後，依次是騎兵和步兵，隊列一字排開，軍裝整潔，步伐一致，士兵們個個精神抖擻，寫有「辛家軍」字樣的大旗迎風招展。

看到耿京一行，辛棄疾趕緊翻身下馬，急走幾步，來到跟前，兩雙大手緊緊握在一起。

耿京朗聲大笑，直誇辛棄疾是一個難得的人才，辛棄疾則表示，抗金復國是自己從小立下的遠大志向，現在終於可以跟隨耿京大帥，共同實現自己的願望。

一旁的將領都紛紛表示歡迎，士兵群中爆發出熱烈的歡呼聲。眾將領中，河南蔡州人賈瑞看起來卻頗有幾分文化人的知性，他看向辛棄疾的目光，也顯得特別親切。

辛棄疾的到來給耿京義軍注入一股新的力量和生機。隨著忠義軍的快速壯大，其戰略目標的制定、戰鬥方針的確立以及指揮系統功能的調度等，都面臨新的要求。起義軍的糧草供應、重大決策的執行、重要文件的起草與傳達等，也急需有人管理。而原來起義軍中大都是善於攻防與打殺的猛將和勇士，辛棄疾的出現可謂恰逢其時。交談後，辛棄疾的許多想法和宏遠目標與耿京十分投契。他對國家局勢的判斷，對起義軍未來走向的預測等，很多方面給耿京帶來啟發，深得耿京認同。再加上兩人脾性相投，很快，辛棄疾就得到耿京的高度信任。

不久，耿京任命辛棄疾為忠義軍的掌書記。掌書記全名為節度掌書記，本是宋代沿襲唐朝的一個官職，為掌管一路軍政、民政機關之高級祕書，也是節度使的直接下屬，有一定的參謀長職能。在耿京大營中，顧名思義，掌書記除上述職能外，還負責掌管起義軍的大印和重要文件、文書。辛棄疾從此成為耿京忠義軍的高級首領之一，幫助耿京編制起義軍的人馬、制定軍規和對待俘虜的政策、協調其他前來投奔的義軍。

這時候，耿京忠義軍正處在一個何去何從的十字路口。放眼全國的情形，完顏亮將大量的金軍集結在宋金前線，準備發動新一輪的侵略戰爭。南宋也被迫應對，同時大力鼓勵

## 第五章　大捷靈岩寺 會盟宏願張

與支持北方地區各路起義軍。山東忠義軍在攻打下萊蕪、泰安後，究竟是繼續向西向北開進，在金軍的戰線後方擾動，趁機收復城鎮，還是往東南方向發展，和宋金前線連接，直接加入南宋的抗金策略部署中，這成為擺在忠義軍面前的一個難題。軍中意見一時很難統一，耿京有點左右為難。

成為掌書記後，辛棄疾兢兢業業，恪盡職守，盡力為耿京分擔責任，全力發揮自己的特長。他派出幾路偵查人員，及時蒐集情報，隨時觀察局勢變化。與此同時，他還反覆推敲形勢，殫精竭慮，日夜思考著山東忠義軍的發展方向。

在忠義軍的高層指揮人員中，辛棄疾和賈瑞有著許多相似想法，對於忠義軍未來的走向意見也基本接近，兩個人自然就接觸較多，慢慢培養了深厚的戰友情誼。關於忠義軍向南發展，爭取早日得到南宋朝廷的認可，歸附於南宋抗金大軍的格局，以獲得長久發展，兩個人的意見出奇一致。

金正隆六年（西元一一六一年）六月，在完成南侵軍事的基礎準備之後，完顏亮入駐開封府（今河南開封），開始具體布置侵宋事宜。

九月，完顏亮集結五十萬大軍，對南宋發動大規模戰爭。之前，完顏亮曾雄心勃勃地宣布：「百日之內，一定滅掉宋國。」

完顏亮按原計畫在開封誓師，兵分四路南下侵宋。第一

路完顏亮親率三十二萬總管兵進軍壽春（今安徽鳳臺）。第二路水軍由海上進趨臨安。第三路自蔡州（今河南汝南）進攻襄陽。第四路由鳳翔（今陝西鳳翔）攻取大散關（今陝西寶雞西南），並待命進攻四川。另外，左監軍徒單貞率兩萬人攻江蘇淮陰。

然後，完顏亮頂盔戴甲，率領大軍，浩浩蕩蕩大舉南下。

此時，以耿京為統帥的山東忠義軍已攻克兗州、東平。在起義軍中初步奠定威望的辛棄疾，以掌書記的身分參與最高決策，更以視野開闊、高瞻遠矚為耿京所重用。

忠義軍雖然人數眾多，規模漸大，但畢竟大都由農民子弟組成，組織渙散，缺乏訓練，整體素養參差不齊，作戰主要依靠單純的勇氣、個人能力和人多的優勢。忠義軍中不少將領都是有勇無謀的平庸之輩，很多人汲汲於功名富貴和錢財女人，對於金國的真正實力和敵情變化知之甚少，對己方面臨的近期和中長期威脅缺乏思考。

辛棄疾不失時機地向耿京提出明確建議，從長遠看，如果盡早歸附南宋軍隊，由朝廷統一指揮，統一行動，方能大有作為。從地域上講，忠義軍要注重向東南發展，與北上抗金的南宋軍隊形成呼應，必要時可以兵合一處，共同對付金兵。

## 第五章　大捷靈岩寺 會盟宏願張

也就是在這時，宋金之間對峙的局面發生了微妙的變化。

完顏亮在采石之戰大敗後移師揚州瓜洲渡，準備會集水軍渡江攻宋。此時的他已經因失敗而變得暴怒無常、氣急敗壞，他命令金軍三天內必須打過長江，否則軍法處置，這使金軍的內部矛盾迅速激化。

金正隆六年（西元一一六一年）十一月二十七日，金國兵馬都統領耶律元宜與其子耶律王祥、都總管徒單守素、猛安唐括烏野等聯兵反叛，與完顏亮近衛軍將士共謀，於拂曉發動兵變。完顏亮聽見動靜時還以為是宋軍來劫營，急忙起身穿衣。這時，一支箭正好射入帳內，他拿起一看，很詫異地說道：「這是我軍的兵器啊！」再等他剛要伸手取弓，又一支箭射來，他隨即倒地。叛將看到他的手和腳還在動彈，就用布帶將他勒死，他的五個妻妾也都被部下所殺。

實際上，在此之前差不多一個半月的時間，也就是十月八日，比他小一歲的堂弟完顏雍已經在遼陽誅殺高存福等人，登基稱帝。完顏雍親赴太廟，祭告祖先，又在宣政殿登上皇帝寶座，成為金世宗，改元大定，下詔廢除完顏亮帝位。

也就是說，完顏亮被部下所殺時，早就眾叛親離，大勢已去。

歷史有時候就像一名戲謔老人，十二年的時光很快過去，這個當年靠弒君篡位登上皇帝寶座的一代梟雄，也落得同樣下場。

# 第五章 大捷靈岩寺 會盟宏願張

# 第六章
## 激戰東平城 追殺賊和尚

# 第六章　激戰東平城 追殺賊和尚

在金國權力交替過程中，金人在采石和膠西陳家島遭受重創，元氣一時大傷。完顏雍想要控制從東北到中原地區、使金中國部獲得穩定尚需一段時間，因此中原地帶的統治出現鬆動，魯中地區和魯西南大部都是如此。

萊蕪、泰安先後為耿京所破，忠義軍利用對泰沂山脈環境熟悉的優勢，合縱連橫，交叉往復，互相呼應，使得這一帶幾乎成了忠義軍的天下。

金國易主和完顏亮被殺的消息很晚才傳到耿京和山東忠義軍這裡，受采石之戰與膠西海戰勝利的鼓舞，耿京決定大戰一場，收復失地，驅除金兵。

金大定二年（西元一一六二年）正月，耿京忠義軍十幾萬主力大軍逼近東平府，一場攻守大戰一觸即發。

東平府地處山東魯西南平原的東緣，西南距泰安百十里，東仰「三孔」，北瞻泰山，南望古微山湖，西觀水泊梁山，素有「東文、西武、北岱、南湖」之稱，是魯西南平原地帶的交通與經濟中心，一向號稱「商賈雲集之埠，兵家必爭之地」，北宋宣和元年（西元一一一九年）由鄆州升為東平府，府治即今山東東平縣。

南宋建炎四年（西元一一三〇年）九月，偽齊政權頭目劉豫在北京即帝位後，接著回到東平府，並升東平府為東京。東平府在那一段時期內，人口有所增加，街市得以擴

建，城防明顯鞏固。

　　東平城牆高大巍峨，泰安、萊蕪的金軍被忠義軍打敗後大都退守於此，使得東平的守軍增加不少，平添相當的實力。

　　辛棄疾作為掌書記隨軍出征，負責掌管帥印，參加高層軍事會議，為攻打東平出謀劃策。對於忠義軍而言，雖然所到之處一呼百應，勢如破竹，但攻打東平府這樣的府城，和泰安、萊蕪兩個小城相比，從經驗到裝備來說，都還是第一次。

　　辛棄疾先前有過數次前往北方金國統治地區祕密探訪的經驗，對金人城防策略與具體兵員部署有所了解。此外，辛棄疾還十分重視和擅長諜報、偵察工作，自己手下就擁有不少這方面的人才，這次悉數派上用場。

　　在戰前的軍事指揮會議上，辛棄疾提出，忠義軍應採取「圍三闕一」戰術，從東北南三面圍城，留出西城門任由金兵撤退。東平西邊十幾里就是東平湖，忠義軍事先在湖邊蘆葦蕩埋伏下一支勁旅，等潰逃的金兵一到，伏兵出而殲之。辛棄疾還建議多派一些人提前混進東平城中張貼通告，號召金軍中的漢人起義，也通告並震懾那些頑固不化的金軍，只要繳械投降，破城後一律放他們回家，否則格殺勿論。攻城戰一旦開打，還須派人用弓箭將一些瓦解金軍鬥志的傳單射

# 第六章　激戰東平城 追殺賊和尚

入城中，以攻金軍之心，先行消解他們的精神防線，並號召當地百姓伺機襲殺金兵。

耿京沒有想到，辛棄疾居然對城防的攻守如此諳熟，便採用他的建議。於是，耿京派張安國、王世隆帶兩萬人馬繞過東平縣城，事先到東平湖附近埋伏，其他事宜也都按照辛棄疾的策劃執行。

春節剛過去不久，耿京率領的山東忠義軍兵臨東平城下。

一聲號令，鼓角齊鳴，忠義軍以排山倒海之勢向著城牆處蜂擁而去。士兵們架起高高的雲梯，紛紛爭前恐後爬上城牆，與守城金軍展開生死搏鬥。金軍憑藉城牆的優勢，利用滾石、檑木等阻擊攻城士兵，一時間，城牆下堆滿忠義軍的屍體，後繼者就踏著這些屍體繼續強攻。

除了策略和戰術正確外，忠義軍前不久在攻打泰安、萊蕪時繳獲的一批床子弩和神臂弩在此次的攻城戰鬥中也發揮了十分重要的作用。神臂弩是那個時代的克敵利器，殺傷力強大，它的弓用堅韌的山桑木做成，又用堅實的檀木做弩身，以麻為弓弦，輕巧堅勁，槍膛用鐵鑄成，以鋼為機，麻索繫紮，絲為弦。神臂弩最大射程將近四百公尺，可由一人發射，能夠貫穿重甲，令敵方膽寒。

床子弩就更屬害了，差不多可以說是弩箭武器的巔峰之

作，依靠幾張弓的合力將一支箭射出，往往要數人轉動輪軸才可拉開，然後用錘子敲打扳機發射，射程可達五百公尺以上，確實是當時的遠程重型武器。當年北宋澶淵之盟前夕，契丹大將蕭撻凜就是中了宋軍的這種床子弩箭陣亡的。床子弩的箭與眾不同，箭身長一公尺多，箭頭是圓形的鐵球，沒有刃，射出後呈拋物線，因箭頭沉重從半空落下幾乎垂直，靠其衝擊力致人死命。床子弩正好適合用來對付城牆高處的守敵，在攻克東平的戰鬥中發揮了顯著作用。神臂弩和床子弩原本是宋軍的重磅武器，後也被其他民族學習吸收。

經過一天一夜的激戰，忠義軍首先從東門突破，攻入城內，守城的金兵看到大勢已去，士氣全無，其中的不少漢人調轉槍頭，現場加入忠義軍隊伍，一致對付金兵。又經過近兩個時辰的戰鬥，守敵除被殲外，大部分繳械投降，一部分殘兵敗將擁著金人知府從西門倉皇逃竄，出城十餘里，跑到了東平湖邊。

沒想到，不等他們喘口氣，只聽得戰鼓雷動，殺聲震天，張安國、王世隆所率忠義軍在此等候多時，此刻正好從蘆葦蕩中殺出，直撲金軍而來。沒多久，這支逃兵大部被殲滅，只有金人知府慌亂中與士兵換裝，帶著幾個貼身護衛逃脫。

至此，東平被忠義軍攻下，全城百姓敲鑼打鼓，歡迎勝利之師，多年來遭受金人蹂躪的惡氣一朝出盡。當晚，整個

## 第六章　激戰東平城 追殺賊和尚

東平城都鑼鼓喧天，鞭炮齊鳴，軍民同歡，慶祝東平府回到漢人手中。

一時間，山東忠義軍威名四震，遠近豪勇之士紛紛來投。東平府一戰，也更加奠定辛棄疾在耿京心目中的地位，雖然官職還是掌書記，但耿京對他的信任已大大加強，甚至非常依賴他了，不論大事小事，都免不了徵求他的意見。

東平之捷給山東忠義軍將士帶來一些心情和情緒上的變化，不少高級將領的抗金信心和殺敵決心大增。有的主張繼續向西南開拔，進入河南，攻取開封，也有人主張向北發展，和河北的王友直部會師，席捲河北全境，直搗北京。

之前，忠義軍攻打下泰安、萊蕪後，除派大將駐紮在城內外，出於安全和機動便利考慮，耿京將忠義軍的指揮大營和大部隊都安置在泰沂山脈中。可這次攻破東平後，情況與前大不相同。一是東平府是一座府城，糧倉豐廩，物資豐富，集市繁華，條件遠非泰安、萊蕪可比；再就是東平湖近在咫尺，有很好的魚米資源，忠義軍駐紮於此，可以享受到相對富足的生活。而這一點，對大部分農民起義軍將士而言，可謂充滿誘惑。因為，除了反抗金人的殘酷統治，吃喝不愁、生活殷實，本就是他們起事的重要原因。

於是，有人建議將忠義軍總部駐紮在東平城內，以此為根據地，四面出擊，打擊金軍，辛棄疾則認為此舉不妥。他

從南宋和金國的對峙局面出發，詳細分析了完顏雍即位後的基本狀況，推斷說金國一旦穩住局勢，必然派兵前來大力彈壓中原一帶的義軍。大軍駐紮城內，一是缺乏管理城市的經驗，再就是等於把自己放在明處，很容易讓金人摸透忠義軍，一旦雙方交鋒，必然處於被動局面。目前，西邊和北面還是金國地盤，如果起義軍孤軍深入，儘管有河北境內王友直的接應，但很可能陷於腹背受敵的局勢，到那時候就回天乏力了。按照他的觀點，忠義軍應該改變策略，放棄向西向北挺進，轉而向東向南發展，往沂蒙山區和海州一帶活動。那裡現在是起義軍和南宋軍隊的勢力範圍，正位於宋金前線，忠義軍可以和南宋魏勝大軍合成一處，北上可以聯合打擊金軍，南下可以回歸朝廷。

事實證明，辛棄疾的判斷的確高瞻遠矚。

完顏雍即位後，金朝內有貴族爭權奪利，外有南宋軍隊對峙和各處此起彼伏的起義，他面臨的首要問題就是穩定政局。完顏雍上臺後，一反完顏亮濫殺反對派的做法，而是採取寬容的姿態對待宗室貴族和原先完顏亮手下的高官。他多次下詔，派人到各處訪求那些被完顏亮殘害大臣的遺骨，找到後予以安葬；被殘害大臣的家屬凡是淪為奴僕的，即刻恢復他們的身分；對那些被無故削職、降職的官員，給予機會改正，並量才錄用；對有些原來反對過他但有才能的人，不

# 第六章　激戰東平城 追殺賊和尚

計前嫌，仍然予以重任。

這些措施很快就達到了籠絡女真宗室的作用，許多貴族和原先完顏亮的部下，紛紛前來投奔，金國的最高統治集團內部不久就得以初步穩定。

然後，完顏雍開始著手對付各地起義軍。當時，契丹人移刺窩斡領導的契丹部族大起義，嚴重威脅著金朝的統治。金大定元年（西元一一六一年）底，移刺窩斡稱帝。完顏雍即位後軟硬兼施，先是派人去招降，沒有奏效，隨即派軍隊前往鎮壓，結果又被窩斡起義軍打得大敗。

金大定二年（西元一一六二年）正月，完顏雍又派大將領兵逼近移刺窩斡起義軍，並許以歸降者優厚條件，還大興策反，想方設法孤立移刺窩斡。後移刺窩斡終於被人出賣，被壓至京師。完顏雍殘殺起義軍首領的手段十分殘酷，他把移刺窩斡梟首於市，把他的手和腳都砍下來，分懸各處。為防止契丹人反抗，完顏雍把參加起義的契丹人分別編入女真的猛安謀克各部，使之雜處其間，便於箝制和統率。金朝境內一旦相對穩定，完顏雍就開始圍剿中原起義軍。

完顏雍登基後不久，完顏亮被殺，金軍大規模北退，除了在個別地區還有局部戰鬥和拉鋸戰外，宋金之間的戰爭基本上已結束。

本來南宋就是被動應戰，宋孝宗巴不得早一天和金國議

和，心中一直恐懼金國。實際上，這個時期，淮河以北原來金國的統治區內，江蘇、山東與河南境內有不少區域都被各路義軍收復、占領，但南宋唯恐再次惹怒金國，其正規軍隊一直不敢進入這些地區，致使很多地方又復陷金人之手。這樣，沒有南宋軍隊造成的威脅和前線戰事的困擾，完顏雍就可以放心大膽組織兵力來對付這些地方的起義軍。

這個時間點，恰恰就在山東忠義軍攻打東平前後。可以說，東平府收復後的軍民聯歡還沒有盡興，忠義軍將士還沒來得及休養生息，很快就遭到金軍反撲。在山東、河南一帶，完顏雍以金兀朮的女婿紇石烈志寧為帥，連結大批金軍，向著各路義軍逼近。

幾天前剛剛打下東平城的山東忠義軍，現在則完全調換位置，十幾萬起義軍的大部都被金軍圍困在東平城裡。

和攻城相比，忠義軍更缺乏守城的作戰經驗，加上前來進攻的金軍人多勢眾，裝備精良，士氣正旺，只半天時間，東平城西門和北門便相繼被金軍攻破，忠義軍死傷慘重，只能退出東平。

和訓練有素的金軍相比，忠義軍將士多是半路出家，加上之前的接連勝利，忠義軍內部難免產生驕傲與浮躁的情緒，一旦重創，士氣又極易低落。諸多因素交會，山東忠義軍且戰且向東撤退，再次回到泰安、萊蕪山中。而金軍則在

## 第六章　激戰東平城 追殺賊和尚

後面窮追不捨，沒有絲毫放鬆的意思。忠義軍只得再向大山深處躲避，進入泰沂山脈縱深，駐紮在新泰境內的蓮花山中。

此時正是隆冬時節，山裡氣溫驟降，忠義軍困境重重，耿京和他的忠義軍遭受到起兵以來最艱難的局面。

辛棄疾的預判得到印證，包括耿京在內的忠義軍高層指揮人員，開始把信任和希望的目光投向他。與此同時，面對如此困境，灰心、厭戰等低落情緒，開始在忠義軍將士之間迅速蔓延。

恰恰就在這個時候，忠義軍大帳中發生了一件意外的事情，差點徹底改變辛棄疾的命運。

蓮花山位於萊蕪與新泰交界處，因九峰環抱，狀似蓮花而得名，古代稱作新甫山，《詩經》中曾有「新甫之柏」之句，寫的就是它。蓮花山歷史悠久，文化底蘊深厚，其東西綿延一二十公里，主峰天台峰海拔九百九十九公尺。秦始皇東巡曾駐蹕於此，漢武帝也曾巡幸蓮花山，晉唐以降，山間佛教興起，香火日旺。

忠義軍進山以後，派兵緊緊守住山口，而大營在山裡依次排開，和金軍暫時形成僵持局面。

時間已經進入冬季，天氣越來越冷，糧草和取暖都成了大問題。

與此同時，完顏雍對付中原起義軍使出了一硬一軟兩手策略。除大兵壓境外，金軍還不厭其煩地發出大赦旨令：「在山者為盜賊，下山者為良民。」並且想方設法將之反覆通告給起義軍基層將士。

忠義軍將士大部分是出於對金人的反抗和貧窮的威逼而聚義山林，現在眼睜睜看著金人捲土重來，忠義軍的境遇越來越被動，南宋軍隊又遲遲沒有北上，朝廷強烈希望求和的消息不斷傳來。這種情況下，金軍的招降攻心術自然會有不小的影響。

忠義軍內部的頹廢情緒愈來愈重，軍心受到嚴重干擾，三三兩兩甚至成群結隊的逃亡時有發生。有的人甚至起了異心，欲投靠金軍，以謀得一官半職，和尚義端就是其中一個。

這個叫義端的和尚，是泰安寧陽人，從小喜歡舞槍弄棒，好勇鬥狠，年少時家中變故，父母雙亡，遂出家在長清張夏通明山上的義淨寺裡做了和尚。義端早年性格豪爽，喜行俠仗義，也曾結交一些勇士豪傑，頗有幾分號召力。後來看到金朝內部騷動不安，華北各地不斷爆發各路起義，見時機已到，便聚集數百人揭竿而起，在義淨寺占山為王。聽說辛棄疾率眾在靈岩寺高舉抗金復國的義旗，大名威震一方，義端就帶著手下一眾前來投奔，正碰上辛家軍與金軍交鋒，

## 第六章　激戰東平城　追殺賊和尚

便直接參加了戰鬥。辛棄疾見義端生得臉闊耳方，濃眉大眼，雖是出家人，身上卻頗有幾分山東大漢的勇猛爽快。一經交談，辛棄疾了解到他自幼愛好兵法，練得一身功夫，對金人有踐踏鄉土之恨，又有成就一番事業之心，便讓他帶著手下人馬留駐，和辛家軍並肩作戰。

後來，辛棄疾投奔耿京時，義端曾經有些猶豫，擔心耿京的忠義軍兵馬過盛、將領眾多，輪不到自己。辛棄疾則從大局出發，勸他不要過多計較個人得失，如果各地起義軍分散各處，不能默契配合，一旦遇到金軍圍攻，很容易被各個擊破。就這樣，義端將信將疑地跟著辛棄疾加入耿京大軍，做了下屬。

剛開始，義端表現還算不錯，作戰時也能夠身先士卒，平時與普通士兵同甘共苦，但時間一長，他漸漸發現，忠義軍有著嚴明的紀律，每當攻占城池打了勝仗，卻不允許斂財擾民，生活條件還不如自己在山裡為王時。時間一長，他感覺眼前的一切和他最初所願大相逕庭，漸漸地，便生出了異心。

現如今，忠義軍打了敗仗，數九寒冬的日子裡，整天在大山裡遊蕩，前景無望。義端覺得再跟著忠義軍走下去，原來夢想過的榮華富貴就會成為泡影。而且，金兵來勢凶猛，再這樣耗下去很可能連性命都難保。加上金軍透過各種形式不斷滲透忠義軍、施壓，並開出優厚條件，引誘起義軍回家

或向金人投誠。

這一次，義端徹底動了心。

他表面上跟著忠義軍來回轉戰，但私下卻與金人勾結，伺機叛變投敵。那邊提出條件，希望他能竊取耿京的帥印作為改弦更張的投名狀。

這天晚上，心懷鬼胎的義端帶著事先準備的酒肉，來到辛棄疾營帳。辛棄疾乃重情重義之人，見到義端非常高興。此時，入夜的山林更加寒冷，辛棄疾也是好飲之人，看到好酒好肉難免心動。於是，他也拿出僅存的酒餚，兩個人就在大帳中喝了起來。

三杯兩盞，你來我往，酒興漸濃。一個毫無防備，一個早有預謀；一個坦坦蕩蕩，一個心懷鬼胎。連日為作戰辛苦操勞的辛棄疾本來就很疲憊，更抵擋不住義端一再花言巧語，沒多久，辛棄疾就覺得昏昏欲睡。義端假意攙扶辛棄疾上床，看著他打鼾。

義端趁機將耿京帥印偷出來，裝進隨手帶的褡褳中，背在身上，悄悄溜出軍帳，騎上事先準備好的快馬，帶著十幾個親信連夜逃往金軍大營。

過了大約半個時辰，辛棄疾在一片吵鬧聲中醒來。他揉了揉惺忪的睡眼，還沒明白怎麼回事，就被幾個高大的忠義軍護衛按住，押到耿京的指揮大帳。

## 第六章　激戰東平城　追殺賊和尚

耿京本就生得高大威猛，寬額方面，此時更是怒火中燒，只見他濃眉倒豎，滿臉鐵青，用手指著辛棄疾說：「你丟失帥印，該當何罪！」

辛棄疾驚出一身冷汗，一個顫慄，酒全醒了。他這才知道，是義端刻意將他灌醉，原來另有圖謀。

對於起義軍而言，帥印非常重要。山東忠義軍人馬最盛時，達幾十萬人，其將領眾多，兵員分布地域較廣，忠義軍總部的軍令通常都是透過帥印大章得以貫徹執行，各部隊常常認印不認人。這種情況下，一旦帥印被盜，後果嚴重。

酒醒後的辛棄疾羞愧難當，知道錯在自身。他十分清楚，身為掌書記，丟失帥印之罪非同小可。

更讓他惱怒的是，義端本是他引薦至耿京大軍的，現在卻叛變投敵，做出此等下作之事。

辛棄疾恨得咬牙切齒，對耿京大聲說道：「丟失帥印罪該萬死，任憑處置，毫無怨言，只是帥印被盜，後患無窮，懇請大帥給我三天期限，去追回帥印，完璧歸趙，如若不然，回來以性命相抵！」

耿京見狀，趕忙讓人鬆綁辛棄疾，並把自己的黃驃馬坐騎牽來，將韁繩遞到辛棄疾手中。辛棄疾二話不說，拱手相謝後，翻身上馬，用力抖動韁繩，右手高舉馬鞭，「啪」的一聲，那黃驃馬上半身都騰起在半空。馬蹄剛落地，旋即又

跳起來，一聲明亮悠長的嘶鳴之後，那馬馱著辛棄疾一溜煙地向遠處飛馳而去。

　　起義軍大部隊剛離開東平、兗州不久，金軍便從西邊蜂擁而來，將主帥大營立在東平城內。辛棄疾推測義端一定想著盡快將帥印作為投名狀獻給金軍。這樣的話，他逃跑的方向應該是去往東平。而且，如果不走官道，從蓮花山到東平就必經徂徠山區。

　　辛棄疾趁著濃濃夜色，快馬加鞭，一刻也不敢懈怠。終於，在第二天天剛濛濛亮的時候，他追上了義端。在徂徠山南麓，矗立著一座巍峨的白雲寺，義端一行剛從廟裡出來，要繼續趕路，沒想到迎面碰上單人獨騎的辛棄疾，彷彿從天而降，一下擋在他們面前。

　　一看到手提寶劍怒目圓睜的辛棄疾，跟著義端逃跑的十幾個人嚇得呆立原地，不敢動彈。義端縱馬奔逃沒幾步，就被辛棄疾追上，從馬背跌落。義端跟隨辛棄疾已有一段時間，十分了解辛棄疾的性格脾氣和高超武功，一時間大驚失色，撲通一聲跪在地上，連連求饒。

　　看到辛棄疾有所猶豫，跪在地上的義端便繼續哀求：「我知道你真正的命相，是上天派來的青兕，你有力量殺人，希望你看在我曾經跟隨你的分上，放過小人，日後我定有回報！」

## 第六章　激戰東平城 追殺賊和尚

　　青兕是中國上古瑞獸，狀如水牛，全身青黑，長有獨角，逢天下將盛，才會出現。傳說中太上老君的坐騎板角青牛就是兕，和犀牛相像但又不一樣。

　　義端能說出此話，說明他對辛棄疾一直都很畏懼，現在想透過這種方式討好。

　　辛棄疾沒有吭聲，右手高高揮起手中那把棠溪寶劍，帶著一股風聲迅速向下劈去。一道光閃過之後，義端身首異處。

　　然後，辛棄疾朗聲對那些跟隨義端的士兵說：「願意回家的可以回家，願意返回忠義軍的跟我走，誰要是繼續做投敵叛國的事情，就是義端的下場！」

　　接著，辛棄疾調轉馬頭，踏上返路。那十幾個士兵遠遠地跟著他。

　　臨近中午時分，辛棄疾回到起義軍大營，見到耿京，奉上大印，然後將義端首級擲於地上，拱手對耿京道：「大帥，小人說到做到，這是義端的人頭！」

　　耿京見狀，用力拍著辛棄疾的肩膀，大笑不止，旁邊的忠義軍將士則爆發出一陣驚天動地的歡呼。

　　大印追回，辛棄疾重獲耿京信任，他的所作所為贏得忠義軍將士的讚佩。從此以後，耿京也對他更多了幾分倚重。

# 第七章
## 奉表京城歸 單騎敵營闖

# 第七章　奉表京城歸 單騎敵營闖

　　兩軍的形勢對忠義軍越來越不利，天氣也變得愈加寒冷，將士們過冬的衣物匱乏，金軍逼迫得越來越緊，幾條出山的線路都遭到封鎖，與外界忠義軍之間失去了匯合的機會，到底何去何從，成為擺在耿京面前的一個急切問題。

　　幾場仗打下來，辛棄疾對忠義軍的發展前途又有了一些新的看法。這時候，他向耿京提出，山東忠義軍主力部隊應該迅速南下，與魏勝、開山趙、王世隆和李寶會師，與南宋軍隊合為一處，繼續抗金大業。除了張安國等少數人反對外，辛棄疾的倡議很快得到以耿京為首的忠義軍將領的認可。

　　耿京適時發出命令，忠義軍向南轉移的具體事宜由賈瑞負責，左路軍向東開拓則由張安國負責，辛棄疾協調忠義軍的整體行動。即日起，山東忠義軍主力放棄魯中地區，突破金軍的包圍，向海州（今江蘇連雲港）方向活動。

　　按照辛棄疾的想法，南下歸附朝廷並非要將起義軍帶回南宋境內，圖謀一官半職，而是像魏勝配合李寶那樣，發揮各自的優勢，積極配合南宋的北上抗金軍事行動。這樣一來，起義軍將士仍然轉戰於北方大地，不至於離鄉背井。更重要的是，按照辛棄疾的計畫，如果能得到南宋朝廷的認可，抗金大業有望獲得更大進展，起義軍也就不會僅僅停留在聚義山林的階段，而是有望真的將金兵趕出中原，恢復大宋河山。

驅除金人，南北統一，這是辛棄疾心中的一個深層願望。現在，他離這個願望越來越近。

　　半個月後，山東忠義軍大部轉移到了海州西北幾十里的地方，在那裡安營紮寨，耿京帶領辛棄疾、賈瑞、張安國等人和李寶、魏勝見了面，相談甚歡。幾路軍馬匯聚此地，南宋方面的軍事力量一時大增。

　　李寶感覺山東忠義軍人數眾多，名聲響至全國，要和自己率領的南宋軍隊一同作戰，事關重大，自己無法做主。他建議耿京派人再南下，到臨安面見高宗皇帝，陳述願望，聽候朝廷的安排和調遣。

　　不久，耿京決定派辛棄疾和賈瑞帶上奏章，前往臨安面見皇帝。這時候又傳來消息說，皇帝最近一段時間正在建康（今江蘇南京）巡視，於是，兩人帶著十一二個隨行人員，很快從海州出發，先渡過淮河到楚州（今江蘇淮安），經過揚州後再次渡江，於南宋紹興三十二年（西元一一六二年）正月十八到達南京。

　　南京在北宋時稱江寧府，到南宋更名為建康。這個名字還是高宗皇帝親自改的。早在建炎元年（西元一一二七年），中書侍郎李綱就曾經奏請過要以江寧府為東都，同時朝廷還令江寧府建造太廟、城池、宮殿等。當時，很多南逃的皇室成員，往往要先來到江寧府落腳。建炎三年（西元

## 第七章　奉表京城歸 單騎敵營闖

一一二九年）三月，趙構從杭州來到江寧府，駐蹕神霄宮。此時，大宋王朝的半壁江山已經丟失，長江南岸的江寧府成為南宋最重要的城市之一。五月，宋高宗將江寧改為「建康」，是頗有深意並有所期待，改名本身也說明他對江寧府的重視。

建炎三年（西元一一二九年）二月，金人兵臨江寧府。這時候，任江寧知府的正是著名女詞人李清照的丈夫趙明誠。外面有金軍圍困，又聽到城內有人謀反，被嚇破膽的他趁著夜色偷偷用繩子爬下城牆逃走了。趙明誠因此受到朝廷革職的處分，也遭到夫人李清照的鄙夷。後來，李清照經過項羽自刎處，寫下千古傳唱的〈夏日絕句〉：「生當作人傑，死亦為鬼雄。至今思項羽，不肯過江東。」寫這首詩時，李清照的心裡一定會想起丈夫的醜行。

相比膽小如鼠之輩，能夠為大義而慷慨赴死的壯士更讓人讚佩與緬懷。建炎三年（西元一一二九年）十月，金兵再侵建康，留守杜充等人投降金兀朮，建康通判楊邦乂英勇抗金，兵敗被俘。金人勸他投降，楊邦乂咬破手指，在衣服上寫下「寧作趙氏鬼，不為他邦臣」。金兀朮又許他溧陽知縣，他以頭碰柱，以至鮮血直流，並大聲訓斥對方：「不怕死的人豈能為其他利益所動，請速速殺我！」他還指著金兀朮破口大罵：「你們女真圖謀中原，上天不會長久幫助你，

有朝一日你定將碎屍萬段，現在你怎麼能如此玷汙我！」金兀朮惱羞成怒，遂命令劊子手割去他的舌頭，剖開他的胸膛，將心臟剜出來。楊邦乂慷慨就義，年僅四十四歲。

建炎四年（西元一一四〇年），趙構下旨嚴令收復建康。岳飛正是在這次戰鬥中名聲大噪，他在牛首山、靜安等地痛擊金兵。建康城這次被收復後一直到南宋滅亡，再也沒有被其他民族攻占過。紹興初年，趙構多次來到建康，駐蹕這裡的行宮，差不多每一次都是由岳飛率軍護送。

建康被稱為「六朝金粉地，金陵帝王州」，歷史上先後有多個朝代在此建都，其商業繁華程度不亞於臨安。南宋期間，建康人口最多時達到近二十萬人。玉帶般的秦淮河和寬闊的玄武湖、秀美的莫愁湖點綴著城市，巍峨的古城牆高高聳立，顯示著這個城市獨有的皇家氣派。

有學者指出，從建炎三年（西元一一二九年）至紹興八年（西元一一三八年），建康相當於南宋朝廷事實上的首都。紹興八年正月，趙構離開建康，定都臨安，但依然將建康作為南宋王朝的「留都」，直至南宋滅亡。成為留都的建康，依然受到很多人的青睞，陸游就曾多次上書朝廷，請求遷都建康，辛棄疾後來也有過同樣的建議。

宋朝的知名文人，有好幾位都來建康做過官，其中就有王安石、張孝祥和范成大。再後來，辛棄疾本人也做過幾年

## 第七章　奉表京城歸 單騎敵營闖

的建康通判。而現在，辛棄疾還是第一次來到這裡。

和六朝時人口超過百萬的繁華相比，現在的建康有些落破。前些年歷經戰爭的劫掠曾一度衰敗，南宋安定下來後的這十幾年，其繁華景象雖有所恢復，但也今非昔比。不過，辛棄疾、賈瑞一行這次重任在肩，前途未卜，也無意去觀賞風景，只是專心等候高宗皇帝的召見。

在皇帝那裡，往往有些專用的詞彙。比如「行在」，也稱行在所，顧名思義，指天子所在的地方，也用來專指天子巡幸所到之地。

現在，建康就是皇帝的「行在」，臨時的行宮就是過去的江寧府府治，建在原來的南唐宮城舊址上。第二天一早，辛棄疾和賈瑞就來到這裡，在太監的引領下，小心謹慎地去拜見皇帝。

高宗皇帝戴著幞頭，端坐在龍椅之上，很有些威臨天下的模樣。行過叩拜禮之後，由辛棄疾誦讀奏章。鑑於慣常的程序，先是對高宗皇帝一番歌功頌德，然後開始簡短講述山東忠義軍從起義到目前的發展歷程，最後表述歸附朝廷共禦金軍的心願。

皇帝例行公事地表示欣悅接納，並審慎地讚揚他們遠道而來的舉動和誠意，接著就讓太監宣讀了事先草擬好的管制任命：授耿京天平軍節度使、知東平府兼節制京東、河北路

忠義軍馬；賈瑞為敦武郎閣門祗候，為正八品武官，賜金腰帶一條；辛棄疾被封為右承務郎，為從八品文官；其餘統制官皆授修武郎，將官皆授成忠郎。

此次，山東忠義軍中加官晉爵者一共有兩百餘人。朝廷命令樞密院派兩名使臣帶著皇帝的官告和節鉞隨辛棄疾、賈瑞等一同面見耿京忠義軍。官告即委任狀，而節鉞則是象徵權力的符節和斧鉞，這些東西都要當面授予耿京及眾將士。

南宋時期，大量的北方人隨著朝廷或軍隊南遷已成常事，其中就有原先北方遺留的軍人組織和金人統治區內的農民起義軍。每當南宋和金國之間發生戰爭，北方就會爆發規模不等的起義，這些起義軍有很多在南歸之前就提前歸朝廷節制，繼續在敵占區發揮影響。他們有效牽制了金軍的兵力，分散著宋金前線南宋的壓力。對於像耿京這樣擁有幾十萬大軍的起義軍隊伍，既不用朝廷供給糧草，還能為朝廷貢獻力量，皇帝只需適當地封官許願，顯示萬民歸朝的威儀之力，何樂而不為呢！

對於宋高宗趙構，辛棄疾實際上並不陌生。他從小受到父親和爺爺忠君愛國的傳統思想教育，對於大宋朝廷，一直堅貞不二。那時候，爺爺雖然常年替金人做官，但從小灌輸給辛棄疾的卻是歷史上的忠臣事蹟和對金人的仇恨，不然他也不會毅然決然地放棄對功名的追求，更不會冒身家性命

## 第七章　奉表京城歸 單騎敵營闖

的危險聚義山林。但是，高宗皇帝早年的妥協表現，特別是後來賜死岳飛等人，辛棄疾每每想起來都會痛惜不已。而現在，他自從靈岩寺起義，又加入耿京大軍，在對金戰爭中逐漸成熟，已有豐富的人生閱歷和戰爭經驗，思考最多的是早日殺敵報仇，收復中原。他十分清楚，其個人的命運和耿京忠義軍的未來興衰都維繫在皇帝的手裡。因此，他也只能作如是想：皇帝也有北伐的意願和決心，只是朝中的求和派反覆作祟才會偶爾導致抗金不利的局面。

再說，高宗皇帝在南北對抗緊張激烈之時能親臨建康，這本身不就是一種積極的姿態嗎？再就是，國家有國家的運勢，兵家有兵家的判斷，戰事有戰事的條件，具體的對金北伐也要看實際的時機。總之，到目前為止，辛棄疾對高宗皇帝還是一腔熱情，充滿希望，對山東忠義軍的未來同樣比較樂觀。

況且，這一年，辛棄疾才二十三歲。有年輕的資本，這個優勢足以使他看輕一切，甚至有一些略帶盲目的樂觀。他會想，時間還早，以後的道路還很長，一切皆有可能。

如今親眼看到了皇帝的風儀，覺得大宋還是值得期待的。他知道了皇帝的態度，更對忠義軍的將來充滿信心。他得到了皇帝的任命，這種任命不在於官職的大小，只要是來自於皇帝，以後再繼續努力，成就一番事業自不在話下。

所以，和賈瑞離開建康時，辛棄疾的心情是十分愉快的。

　　朝廷的命令一刻也不能耽誤，第二天，辛棄疾、賈瑞一行人就帶著樞密院特使從建康出發，一路快馬加鞭，準備到海州附近面見耿京，頒授皇帝的詔令。

　　一行人一路北上，不幾日就到達海州東海縣，先來到南宋軍隊大營，李寶出面迎接。

　　一進門，辛棄疾卻看到李寶神色凝重，稍稍寒暄後，李寶語氣低緩說出一段話，卻讓辛棄疾和賈瑞聽後大驚失色。

　　原來，就在他們奉表南下的這些天裡，山東忠義軍內部發生了天翻地覆的巨變。

　　大將張安國起了叛心，暗通金兵，居然在一天夜裡偷襲忠義軍大營，將首領耿京殘忍殺害。

　　一夜之間失去了首領，忠義軍人心惶惶，四處潰散，各奔前程，還有一部分在張安國等人的裹挾下投降了金人。

　　就在辛棄疾回到海州時，耿京身邊的幾個衛士也聞訊而來，一見到辛棄疾、賈瑞，他們禁不住放聲痛哭，詳細講述當時的情形。原來，張安國早就與金人有所勾結，金人許以高官厚祿，只要他能拿著耿京的首級投降，就委以重任。於是，他便帶領手下士卒一萬多人和金兵一起偷襲了耿京大營。

## 第七章　奉表京城歸 單騎敵營闖

　　剛剛在建康見過宋高宗的辛棄疾對未來充滿期冀，心中不斷醞釀著一些規劃，本準備見到耿京後跟他好好匯報。更重要的是，以耿京為旗幟的山東忠義軍歸附南宋朝廷後，能夠和南宋軍隊並肩作戰，北上驅除金兵的理想就極有可能實現，而這正是辛棄疾多年來的夢想。

　　然而，現實不僅常常很骨感，有時還會變得很殘酷，讓人措手不及。

　　濟南人耿京英勇豪俠，有遠大志向，自起事以來，殺金破城，收復失地，使眾多起義軍慕名而來，即使是遠在河北、河南、江蘇等地的起義軍，都願意歸他節制，使得山東忠義軍一時成為北方起義軍中影響最大的一支。辛棄疾自跟隨耿京以來，恪盡職守，一心一意，以他坦坦蕩蕩的為人和卓爾不群的軍事才華得到耿大帥的高度信任，兩人之間建立起深厚的情誼。

　　知道耿京被叛徒所害，辛棄疾悲痛憤恨無比，轉念又想到平日裡張安國那張略顯陰鷙的模樣，不禁怒火中燒，一個大膽的復仇計畫在他的心裡醞釀。

　　耿京遇害，山東忠義軍遭受重創自不待言，北方各處原歸忠義軍節制的部屬有的改弦更張，有的自謀出路。金軍對起義軍的圍剿局面發生顯著變化。情勢十分緊迫，忠義軍何去何從，其命運危在旦夕。

辛棄疾與賈瑞迅速交換了意見，決定由賈瑞回萊蕪忠義軍駐地收拾殘局，重新匯攏舊部即日南下歸宋，自己堅持要去金軍大營中將張安國抓捕問罪，為耿京報仇雪恨。考慮到辛棄疾此去的危險性，李寶勸他三思後行，但他決心已定，就像一年前連夜追殺義端一樣，如今的辛棄疾不活捉張安國誓不罷休。

　　王世隆原來也是耿京麾下的一員大將，後來投到南宋沿海制置使李寶手下。他見此情形，也義憤填膺，要求和辛棄疾一道前去抓捕叛徒。馬全福是來自中原的一位豪傑，後來成為山東忠義軍中的將領，跟隨耿京出生入死，他也義無反顧地加入，與辛棄疾一同去完成這個艱難無比的熱血使命。

　　一切安排停當，賈瑞、辛棄疾遂分頭行事。辛棄疾、王世隆與馬全福從忠義軍中挑選出五十名驍勇善戰、武藝高強的騎兵，迅速進行簡短的戰前動員，並專門強調此行的目的和危險性。眾士兵披掛上陣，立於馬上，個個摩拳擦掌，人人早已將生死置之度外，都表示願意跟著辛將軍赴湯蹈火，在所不辭。

　　就這樣，這支臨時組織起來的騎兵特種部隊即刻出發，直奔濟州（今山東巨野縣）方向而去。

　　據可靠情報，叛賊張安國賣主求榮，受到金人重用，被任命為濟州知州，已經迫不及待地上任去了。

## 第七章　奉表京城歸 單騎敵營闖

濟州地處魯西南平原腹地，西距海州七百里之遙。

辛棄疾帶領著這支五十多人的小分隊馬不停蹄，連續行軍一天一夜，於第二天黃昏時分來到濟州境內，悄悄逼近金兵大營。

因為是戰時，張安國的營帳駐紮在城下，足足有五萬人馬，依次排開，座座營帳密相勾連，將張安國簇擁在中心位置。

剛剛就任濟州知州的張安國連日來天天大擺宴席，歌妓陪伴左右，夜夜飲酒作樂。

這日，天色漸晚，燈火初上，張安國和往日一樣，從天一黑就開始暢飲狂歡，一直喝得酩酊大醉方才罷休，他剛要回到營帳準備睡覺，哨兵來報，說一個叫王世隆的老朋友遠道來見。迷迷糊糊的張安國此時正睏意來襲，聽說是已歸附南宋的王世隆來了，專門要見他，很有些納悶，這麼晚了難不成有什麼要緊的事情找他？搖搖晃晃的張安國隨便揮了揮手，示意讓客人進來。

就在這時，營帳外一陣騷動，辛棄疾提著棠溪寶劍帶領一小隊人馬衝了進來。和張安國一起喝酒的幾個金人將領被這支不知從何而來的隊伍驚得目瞪口呆，還沒回過神來，就一個個被當場斬殺。辛棄疾一個箭步來到張安國面前，像老鷹捉小雞一樣，一把將他按在地上，後面的人跟上來立即將

其五花大綁。

　　知道張安國被辛棄疾抓獲，整個敵營裡一片混亂。

　　辛棄疾提溜著張安國走出軍帳，將他橫著放倒在馬背上，然後翻身上馬，對慌成一團的張安國部屬大聲說道：「山東忠義軍的弟兄們，你們聽著！我這次是來抓張安國這個叛賊的，他忘恩負義，殺害耿京大帥，罪該萬死！你們不知道真相，都被他蒙蔽了。金人是不折不扣的侵略者，他們占領我們的山河，殺戮我們的父母鄉親，是我們漢人不共戴天的仇敵！」

　　跟隨張安國投敵的忠義軍將士中，本來就有很多人是被張安國欺騙、脅迫而來，現在看到他已經被捉，又聽到辛棄疾的一番話，紛紛倒戈，大帳前聚集的人越來越多。

　　辛棄疾繼續大聲對他們說：「前不久，我剛剛在建康見到高宗皇帝，大宋朝廷正在集結大軍，準備進軍山東，收回中原，光復北方。你們都是有良心的人，都是七尺的漢子，大家願意的話，可以跟我走，到南方去，歸順大宋！不願意走的，可以回家種田，千萬不能像這個小人一樣，效忠金國，認賊作父，後悔終生啊！」

　　此時，本來就身材高大的辛棄疾騎在黃驃馬背上，更顯得魁偉英武，他一邊喊著話一邊揮舞著手中那把長劍，一道道閃光劃過夜空。

## 第七章　奉表京城歸 單騎敵營闖

　　此時，不遠處的金兵已經集結，向這裡撲來，其先鋒部隊已經攻入外圍的營帳。

　　情勢十分緊急，不容半點遲疑。辛棄疾命令馬全福將軍帶領一隊士兵到東北方向阻擊金軍，其他人馬不要戀戰，邊打邊退，快速向南撤離。在辛棄疾身後，跟著密密麻麻的山東忠義軍舊部人馬，離開濟州，向南方奔騰而去。

　　趁著濃重的夜色，辛棄疾很快就擺脫金軍的糾纏，馳出濟州之境。等到天大亮的時候，他們已經到達單州魚臺縣（今山東魚臺縣）。部隊停下來稍事休整，辛棄疾派人大致清點一下人數，發現跟著他一起南返的忠義軍騎兵居然有一萬多人。

　　南宋和金國的邊界是陝西的大散關到淮河中游沿岸一帶，淮河以北還都是金人統治區，駐紮著大量的金軍，越是臨近邊界地區，駐軍越多。辛棄疾帶領的忠義軍雖然擺脫了濟州金軍的追擊，但要想回到南宋防區內，還有數百里的距離。

　　如果人少還好辦，現在是一萬多人，而且全是騎兵，要想做到神不知鬼不覺從金軍防區穿越而過，絕非易事。

　　和辛棄疾有著收復中原堅定信念不同的是，忠義軍中有不少將士是為追求溫飽享樂。看到有這麼多人馬追隨，面對充滿危險的去路和不確定的未來，王世隆提出來大家乾脆擁立辛棄疾為首領，帶著隊伍到微山湖一帶占山為王，先過上

輕鬆日子再說，然後慢慢等待南宋大軍北伐，再歸附朝廷也不遲。

辛棄疾嚴詞拒絕，並開始對他有所警惕。

辛棄疾立即召集忠義軍的將領召開緊急軍事會議，大家在會議上統一意見，南下的方向不能動搖。面對金兵的追擊和困擾，辛棄疾審時度勢，隊伍南行時要注意保密，盡量不要有太大的動靜。大部隊的前面派出先鋒部隊，側翼也安排精銳騎兵特別注意保護。防護的重點放在對付追兵上，辛棄疾命令，部隊每前進三十里，便設下一小支伏兵，阻擊後面的追兵。如果沒有遇到追兵，負責斷後的部隊就交替收兵趕回大部隊，一旦交戰，等到戰鬥結束，就分散撤離，自行向南方轉移，渡過淮河後在盱眙會師。

為避免打草驚蛇，忠義軍不走官道，盡量抄小路行進。到了晚上行軍時，部隊用布片包裹繫住戰馬的蹄，防止行軍時發出響聲。同時，拿一根類似筷子的小竹棍讓馬銜著，以防群馬嘶鳴。

這支忠義軍逢山翻山、遇河過河，連續行軍一天一夜，中間還解決掉好幾股騷擾的金軍，終於歷盡艱險，抵達淮河北岸。

渡過淮河後，忠義軍在盱眙再次集結，等到零零星星的將士歸隊後，這支身分特殊的大軍再次出發，渡長江，過建

## 第七章　奉表京城歸 單騎敵營闖

康，從太湖旁邊穿越而行，很快就隱隱約約看到了臨安城牆高大巍峨的影子。

辛棄疾和王世隆帶著一萬多忠義軍，日夜兼程，跋山涉水，押解著張安國，終於抵達臨安。

展現在他面前的，是一個非同尋常的大都城和南宋朝廷新的首善之區。

在南宋發展成為一座擁有兩百多萬人口的臨安城（今杭州），這時候雖還沒有達到歷史的巔峰，但已經熱鬧非常。曾經做過吳越國都城的杭州風景秀麗，素有「魚米之鄉」「絲綢之府」和「人間天堂」美譽。北宋歐陽脩在〈有美堂記〉中曾這樣寫道：「錢塘（指杭州）自五代時，不被干戈，其人民幸福富庶安樂。十餘萬家，環以湖山，左右映帶，而閩海商賈，風帆浪泊，出入於煙濤杳靄之間，可謂盛矣！」吳越王錢鏐在杭州鳳凰山下築了「子城」，內建宮殿，又在外圍築了「羅城」，周圍七十里，作為防禦。據《吳越備史》記載，都城西起秦望山，沿錢塘江至江干，瀕西湖到寶石山，東北面到艮山門，形似腰鼓，又有「腰鼓城」之稱。北宋時，杭州為兩浙路路治。北宋淳化五年（西元九九四年），改軍號為寧海軍節度。北宋大觀元年（西元一一〇七年）升為帥府，轄錢塘、仁和、餘杭、臨安、於潛、昌化、富陽、新登、鹽官九縣。當時人口已達二十餘萬

戶，為江南人口最多的州郡之一。此時，杭州的紡織、印刷、釀酒、造紙業已非常發達。

杭州歷任地方官中，以白居易和蘇東坡最為著名，他們對西湖的整治受到後人的稱讚，白堤和蘇堤就是對他們的紀念。北宋元祐四年（西元一○八九年），蘇東坡任杭州知州，還開通茅山、鹽橋兩河，再疏六井，民飲稱便。北宋崇寧年間，杭州戶數即近三十萬。

到了南宋，杭州城逐漸走向它的鼎盛時期。從建炎五年（西元一一二九年）升為臨安府，到紹興八年（西元一一三八年）定都於此，開封及周邊地區的北方軍民隨宋室大舉南遷，定居臨安，使之人口大增。隨著外來人口的遷入，也導致占人口優勢的吳語與占政治優勢的北方官話融合，使得杭州城的方言有別於他處，帶有明顯的北方語音。

此時的杭州分為內城和外城。內城，即皇城，方圓九里，環繞著鳳凰山，北起鳳山門，南達江干，西至萬松嶺，東抵候潮門，在皇城之內，興建殿、堂、樓、閣，還有多處行宮及御花園。外城南跨吳山，北截武林門，右連西湖，左靠錢塘江，氣勢宏偉。設城門十三座，城外有護城河。經過南宋十幾年的經營，已經以繁華聞名於世的臨安，使得辛棄疾一時感到眼花撩亂，「暖風薰得遊人醉」，也就再正常不過了。

## 第七章　奉表京城歸 單騎敵營闖

初次來到臨安府的辛棄疾，**轟**動了這座城市。自靖康之恥宋朝南渡以來，不管是戰是和，宋金之間的拉鋸戰常年存在，和平時期相對少一些，一旦進入戰爭階段，雙方之間大大小小的紛爭幾乎從未間斷。在這些戰鬥中，南宋方面敗多勝少，這使得南宋朝廷裡普遍瀰漫著一種悲觀與畏戰情緒，這種情緒自然也在臨安城裡蔓延。而今天，出現在他們面前的辛棄疾，文武雙全，能夠帶領幾十個騎兵連夜奔襲，突入到幾萬人的金軍大營，將叛賊活捉，還從金營中脫身，並帶走一萬多人的忠義軍，簡直如同天方夜譚。而這樣的人，正是南宋朝廷所渴望的人才，也是百姓心目中的英雄。加上年輕的辛棄疾身材高大，相貌堂堂，一時間，臨安城裡到處都傳頌著辛棄疾的傳奇故事，其中有些細節在轉述時難免添油加醋，就更加引發了人們的好奇，很多市民和年輕男女甚至以一睹辛棄疾的真人面目為快。這種傳說，自然也在朝廷裡流傳著，引發著許多朝臣的濃厚興趣。

和上次辛棄疾見到皇帝時隔不到一個月，紹興三十二年（西元一一六二年）二月，辛棄疾再次受到趙構的召見。

與建康的行宮相比，臨安的皇宮要氣派得多，幾乎和北宋開封的皇家宮殿相差無幾，真的有些「直把杭州作汴州」的意思。

這天上午，在高大莊嚴的垂拱殿中，皇帝喜悅地接見辛

棄疾、賈瑞等人。和前一回不同的是，皇帝這次大為高興地讚揚了他，對他率領五十多人深入金兵數萬人軍營並擒獲叛賊的行為大加肯定。

整個召見的時間不長，辛棄疾叩拜謝恩之後，就結束了。

對辛棄疾來說，和第一次相比，他的心情已經遠沒有那麼激動。儘管高宗皇帝的兩次召見時間很近，但耿京之死對辛棄疾的內心和人生規劃都產生了不小的影響。他原來的構想是，跟著耿京歸附南宋朝廷後，可以在北方抗金一線甚至到金國的後方對敵作戰，建立功勛。有了皇帝的支持，加上起義軍的不斷壯大，收復中原雖不能說指日可待，起碼也是很值得期盼的。而現在，形勢突變，自己迫不得已這麼快就成了一個從北方逃到南方的歸正人員。

再就是，前不久，他和耿京拱手相別時，人還無事的，但轉眼之間，一下子就天人永隔，忠義軍隊伍也隨之樹倒猢猻散。還有一點，張安國的叛變也是他萬萬沒有想到的。看來，在民族大義與生死取捨的緊要關頭，人心是很難預測和把握的。

而這一切，對於血氣方剛的辛棄疾而言，感觸甚深。雖然，在這場波詭雲譎的抗金戰爭中，他叱吒風雲的願望得以短時間實現，從離開家鄉聚義靈岩寺至今也不過一年多光

## 第七章　奉表京城歸 單騎敵營闖

景，就經歷這麼多事情，自己的軍事也有所發揮，但也遇到很多始料未及的現實。將來的日子，究竟會如何度過，抗金殺敵與收復中原的理想能否順利實現，現在又都成了未知數。

前路如何，只有靜靜等待。

不過幾天的時間，朝廷就在臨安郊外處死了叛賊張安國。辛棄疾和賈瑞還專門被邀請去到現場。那一天，辛棄疾帶領原來山東忠義軍的幾個將領，專門選了個僻靜處，向著北方遙祭耿京元帥，以叛賊之死告慰他的靈魂。

那一刻，想起在耿京身邊那些戎馬倥傯的日子，辛棄疾不禁流下傷懷的淚水。

# 第八章
## 宦海奔波多 成家立業忙

## 第八章　宦海奔波多 成家立業忙

　　很快，朝廷對辛棄疾和賈瑞的任命下來了。但是，出乎所有人的預料，辛棄疾官職並沒有提升，仍為承務郎，不過這次有了具體的職務，是江陰軍簽判，賈瑞的差事則是海州軍統制官。前不久歸正南宋的王友直，被任命為復州（今湖北仙桃）防禦使。跟著辛棄疾南下的一萬多忠義軍全部交給京東招討使李寶，分散安排進其駐紮於各處的部隊中。

　　宋代各州、府選派京官充當判官時稱簽書判官廳公事，簡稱簽判，職位略低於副使，負責掌諸案文移事務。承務郎為文散官第二十五階，從八品下，和上次對辛棄疾的任命一模一樣。兩次全然不同的情況下，出現同樣的任命，其間的意味讓人頗費猜測。而在當時，對於北方歸來的軍隊或起義軍，南宋朝廷一貫的做法都是出於安定和安全的考慮，將他們分散安置在不同的軍隊中，既作為充實的力量，又不至於難以管理，也是為防止發生什麼變故。當然，這種處置方法中不信任的意味還是非常明顯的。

　　和上次相比，辛棄疾這次是立功南下，官職卻沒有任何變化，這對他來說無疑是一種額外的打擊。儘管辛棄疾不是那種盯著官職和利益之人，但官職越低，一方面說明皇帝不重視，另一方面，自己也很難施展抱負。況且，江陰簽判這個職位只是一個地方官員的副手，更不是辛棄疾所擅長。

　　在整個南宋期間，都不斷有北方和別處逃至南宋的人，

當時為這種人取了一個不太好聽的名字，叫「歸正人」。這種所謂的歸正人大致分為四類。第一類是原來就屬於宋朝的軍隊，因為各種原因被困在北方，後來回歸到南宋的，叫歸正人；第二類是原來屬於燕山府等路州的軍人，後來歸到南宋的，叫歸朝人。燕山府路所轄之地在北宋之前已經陷於契丹，其居民也非宋朝臣民，但其中包括大量漢人，而宋朝統治者一直將這些區域作為應復之地看待；第三類指原不是宋朝人而來歸宋朝的漢族以外的其他各族人，叫歸明人；第四類是在本朝界內或者在番地，但內心懷忠義而一時立功者，稱之忠義人。這四類人統稱之為歸正人。

「歸正人」這種稱呼不但帶有一定的輕視意味，而且在實際的政治生活中，對他們的任用也往往是只給一個閒散的官職而無實權。如打開蔡州（今河南汝南）城門迎接王師的范邦彥率全家南徙，本應當被重用，卻只是被任命為湖州長興縣丞這樣一個閒職。像王友直、辛棄疾等也同樣如此。為免除對歸正人的歧視意味，范成大就曾向朝廷呼籲過：「乞除『歸明、歸正人』，以示一家。」但一切如故。

對於歸正人，南宋朝廷雖然口頭上看重，但在真正任用時又心存疑慮。對於金國來說，每一次和南宋簽訂的和議條件裡都有逼迫南宋遣返歸正人的條款。有時候，其他條件都談得差不多了，恰恰就在歸正人問題上，南宋有所堅持，雙

## 第八章　宦海奔波多　成家立業忙

方爭執不下，或者最後由南宋在其他方面做出妥協來換取對這一點的堅守。南宋朝廷考慮的是，如果堵塞了歸正的路，一方面大量的士兵和其他方面的人才就不會從北方來到南方，更重要的是，那樣就有可能會傷了所有北方漢人的心。

據統計，在整個宋金南北分治的一百餘年間，從北方逃亡到南方的大約有兩百多萬人。

現在，辛棄疾和賈瑞，就成了不折不扣的歸正人。而且，這種身分將會伴隨他們的一生。

辛棄疾還是老樣子，以不變應萬變，他總是認為自己還年輕，國家只要想統一，中原只要想收復，終有一天，朝廷會需要他領兵率將、血戰沙場，一切都來日方長。眼下最重要的是，既然皇帝的任命已經下來，就先按照朝廷的旨意走馬上任。

告別賈瑞，辛棄疾帶著辛忠和幾個僕人，到江陰上任去了。

今天的江陰市地處江蘇省南部，長江三角洲太湖平原北端，因位於「大江之陰」而得名，簡稱澄，東接張家港，南臨無錫，西連常州，北對靖江，為長江咽喉，歷代江防要塞，長江南北之間的重要交通樞紐。江陰歷史悠久，人文薈萃，其文化屬吳越，當地人多說吳語。王安石曾經旅居江陰，寫道：「黃田港口水如天，萬里風檣看賈船。海外珠犀

常入市，人間魚蟹不論錢。」

南宋時期在江陰設立江陰軍，屬兩浙西路。「軍」相當於「州」的級別，江陰軍為獨立建制。這裡北距淮河四百里左右，差不多相當於金宋之間的第二道防線，兩邊只要戰事一起，這裡就有可能成為前線。

辛棄疾在江陰的官職不高，但責任卻頗大。按照宋朝的官制，簽判一般是作為副職，與權知軍州事共同處理政事，其職責為兵民、錢穀、戶口、賦役、獄訟聽斷之事，可否裁決，要與守臣一起通簽才能施行。此外，簽判還有一些其他職責，就是所部官有善否及職事修廢、得刺舉以聞，也就是官員的業績評定和官職的任命與更迭。「得刺舉以聞」的「得」就是「允許」的意思，意思是指上級對下級的命令式說法。「刺」是「糾察」「檢舉」，「舉」是「推薦」，「以聞」特指某種級別以上的官員可以向皇帝報告。這樣看來，簽判還兼有監察官性質，雖只是從八品的官職，卻能制約三品或者四品的權知軍州事。

辛棄疾第一次在政府做官，自然兢兢業業，一絲不苟。他也深知，在和平時期的南宋，如果將來想要被皇帝委以重任，能助朝廷收回失地、復興故國，只有恪盡職守，才有可能得到相應的升遷，接近權力中心。

江陰的公事還是比較繁忙的，辛棄疾不久就找到了簽判

# 第八章　宦海奔波多 成家立業忙

工作的特點與規律，很快就適應了這分新工作，在處理很多地方事務上獲得了新歷練。

紹興三十二年（西元一一六二年）六月，也就是在接見辛棄疾、賈瑞後不久，坐了三十六年皇位的高宗皇帝趙構，決定禪位給趙昚，自己去做太上皇。

趙昚並非高宗的親生兒子，只是過繼來的。

據說，即便是在那些被金兵追得不得已亡命天涯的日子裡，高宗皇帝仍然耽溺於女色。建炎三年（西元一一二九年）二月的一天，逃至揚州的高宗皇帝正在淫樂，忽然傳來金兵已到城下的消息。高宗皇帝在御營司將士和宦官陪同下，急忙披甲乘馬出逃，經瓜洲渡乘小舟過江，來到鎮江。高宗皇帝經這次突如其來的驚嚇，生理上受到惡性刺激，失去生育能力。

不巧的是，同年七月，經過一番宮廷政變後，三歲的皇太子趙旉因聽到金屬爐子碰撞的聲音驚懼而死，高宗從此斷了子嗣。後來，乾脆就過繼了一個兒子，叫趙昚，這就是後來的宋孝宗。

趙昚剛登上皇位，改元隆興，全然顯示出一分謀劃中興的姿態，他立即為岳飛翻案，赦還岳飛被流放的家屬，同時大力起用主戰派，朝中氣象為之一變。紹興三十二年（西元一一六二年）七月，趙昚召主戰派老將張浚入朝，並逐漸為

曾經遭受貶謫的主戰派平反昭雪，安排重用，積極備戰，準備收復中原。

隆興元年（西元一一六三年），宋孝宗以張浚為都督，主持北伐。四五月間，張浚部署李顯忠與邵宏淵兩軍十三萬人向北挺進。剛開始，南宋軍隊還打得不錯，一個月內就收復了靈璧、虹縣（今安徽泗縣）和宿州等地，大有劍指中原之勢。但很快，在金軍反攻下，宋軍在撤兵符離時遭金兵追截，損失慘重，退入城中。

在江陰簽判任上的辛棄疾，雖然官職卑微，卻始終關注宋師北伐進展，聽到符離之戰慘敗的消息，感到痛心不已，十分感慨地說：「中國之兵，不戰自潰者，蓋自李顯忠符離之役始！百年以來，父以詔子，子以授孫，雖盡戮之，不為衰止。」

在其他戰場上，宋軍也一敗塗地。

比如楚州十八里口之戰。隆興元年（西元一一六三年）七月，宋因議和撤掉海州防衛，命魏勝主管楚州（今江蘇淮安），負責守衛清河口。金軍乘宋邊備鬆懈，大舉南下，十一月入淮，擊敗宋渡口守軍和清河口援軍，奪得十八里口。魏勝率諸軍列陣與金人決戰，戰鬥從天亮一直到午後，雙方勝負未決。後金援兵至，魏勝率軍力戰，並派人向駐守淮安的劉寶求救，劉寶的軍隊距魏勝僅有四十里，但他認為

# 第八章　宦海奔波多 成家立業忙

此時正是朝廷和金國講和的時候，自始至終未發一兵增援。魏勝兵敗東撤，金軍緊追不捨，魏勝以步兵居前，騎兵殿後掩護，退至淮陰東十八里處，魏勝中箭墜馬而亡。金軍乃乘勝取楚州、淮陰、盱眙、濠州（今安徽鳳陽東）、滁州（今安徽滁縣）、廬州（今安徽合肥）、和州（今安徽和縣），兵鋒直至長江北岸的六合。

南宋一連串的潰敗，使得趙昚對北伐徹底失望，開始在和戰之間搖擺不定，朝中主和派勢力一時大盛，其主力湯思退進任尚書右僕射兼樞密使，宋金和議啟動，朝廷內外為之沮喪。

同年九月初，金國都元帥僕散忠賢已進據宿州，乃給宋使盧仲賢文書要索四事：一、南北通書，改稱叔侄；二、割讓海、泗、唐、鄧四州；三、歲納銀幣如舊額；四、須送還歸正人及叛降者。並且要求宋朝在十一月二十日前答覆。

隆興二年（西元一一六四年）四月底，主戰派張浚辭去右相職，湯思退開始一系列自毀邊備的舉動。五月，朝廷下詔不準接納歸正人，又命令淮東安撫使劉寶評估放棄泗州利弊。

這一年的八月十九日，六十八歲的張浚在貶謫路上走到江西餘干縣時，積鬱成疾，彌留之際，在給兒子的遺書中寫道：「我嘗相國，不能恢復中原，洒滌國恥，死後不當葬我

先人墓側，但葬我衡山下便了。」

張浚死後，朝中少了一員反對議和的主將，因此議和加速進行。趙昚的態度是：「一正名，二退師，三減歲幣，四不發歸附人。」皇帝在和金人談判過程中，一直堅持不返還歸正人。如果不這樣的話，辛棄疾也屬於此列，有可能會被遣返北方。

隆興二年（西元一一六四年）十二月，經過長逾經年的戰爭和外交努力，宋金雙方終於再次達成和議，南宋在其他條款上做了不少讓步，好歹換到了金人對「須送還歸正人及叛降者」這一條的放棄。和議的主要條款內容為：雙方世為叔侄之國，宋帝正皇帝之稱，不再向金稱臣；改歲貢為歲幣，宋每年給金國白銀二十萬兩、絹二十萬匹；宋放棄商（今陝西商縣）、秦（今甘肅天水）等六州，兩國疆界一如紹興和議為準；不遣返叛亡之人。按和約批准和最終成立的年代，後人或稱其為隆興和議，或稱為乾道之盟。有意思的是，原來的君臣關係現在變成了貌似親戚一樣的「叔侄」關係。雖然現在的人難以理解，當時的南宋朝廷覺得叔侄關係比君臣稱呼有尊嚴。

事已至此，唯一值得欣慰的是，由隆興北伐迅速轉化而來的隆興和議後，宋金雙方保持了四十年的和平關係。

隆興北伐如火如荼地開始，很快就虎頭蛇尾地結束，對

## 第八章　宦海奔波多 成家立業忙

於辛棄疾來說，似乎都毫無意義。開戰時不能身處前線殺敵立功，南北和議屈辱商定時卻要跟著傷心。但日子還要一天天過，自己擔任的官職還要求自己盡到應有的責任。

時任江陰權知軍州事是趙士鵬，為人熱情而誠懇，他早就聞聽過辛棄疾的事蹟，對辛簽判的到來真心歡迎，很多公務都主動和辛棄疾商量，聽取意見。性格豪爽、心直口快的辛棄疾自然也有什麼說什麼，辛棄疾在江陰任簽判的兩年期間，兩個人關係相處得比較融洽。

隆興元年（西元一一六三年）底，熱心的趙士鵬還為辛棄疾介紹妻子。江陰有戶趙姓人家，家主趙修之，任南安軍（今江西大庾）知州，他有個孫女叫趙媛，年方十八，婉約文靜，頗為可人。辛棄疾隻身一人，從北方來到南國，剛開始宦遊生涯，公務繁忙之餘，回到家中，總是形單影隻，也到了婚娶的年紀。辛棄疾內外兼修，女方家庭非常滿意。很快雙方換帖後，辛棄疾下了聘禮。趙媛是那種典型的賢妻良母，加上南方女子的細膩賢惠，將家庭照顧得井井有條，兩個人恩愛有加，舉案齊眉，感情甚篤。辛棄疾漂泊的心也找到了難得的慰藉。

婚後不久，趙媛就懷孕了，十個月後產下一子。辛棄疾大喜過望，宴請了賓客，替孩子取名為稹。稹是草木旺盛的意思，也同「縝」，有細緻、細密的含義。然而不幸的是，

孩子出生後不久，趙媛就病逝了。辛棄疾再次經歷生離死別的打擊。想想小時候，父母就雙雙撒手人寰，現在，自己的兒子還不到一歲，他的母親就走了。每念及此，辛棄疾內心都痛苦不已。

辛棄疾深藏著自己的遠大抱負，卻只能在貌似和平的年代裡繼續過著難以為人道的宦遊生活。

好在有詩為伴，好在有詞可以抒發內心深處的所思所想。

據史學家鄧廣銘先生考證，在辛棄疾現存的六百多首詞中，以南渡之初寫於江陰簽判任上的〈漢宮春·立春日〉一首創作年分為最早。詞曰：

春已歸來，看美人頭上，裊裊春幡。無端風雨，未肯收盡餘寒。年時燕子，料今宵夢到西園。渾未辦黃柑薦酒，更傳青韭堆盤。

卻笑東風從此，便熏梅染柳，更沒些閒。閒時又來鏡裡，轉變朱顏。清愁不斷，問何人會解連環？生怕見，花開花落，朝來塞雁先還。

「西園」本是三國曹魏時期鄴下（今河北臨漳）的名園，此處當指辛棄疾在故鄉濟南的寓所。由春來想到故園的燕子要還巢了，而自己仍「客」居江南，反不如堂燕；南歸後要成就一番事業，自當有許多事要做，但如何才能有所作

# 第八章　宦海奔波多 成家立業忙

為卻存在許多未知數。在這種矛盾的心態下，立春這個節氣為詩人所帶來的，似乎並非都是蓬勃的生機和滿懷的希望，其中更交織著光陰荏苒、歲月蹉跎的憂愁，流露出對故園難歸和故土難復的隱憂。

另一首詞〈滿江紅‧暮春〉寫於隆興二年（西元一一六四年），是辛棄疾南歸後寫下的第二首詞：

> 家住江南，又過了，清明寒食。花徑裡，一番風雨，一番狼藉。紅粉暗隨流水去，園林漸覺清陰密。算年年，落盡刺桐花，寒無力。
>
> 庭院靜，空相憶，無說處，閒愁極。怕流鶯乳燕，得知消息。尺素如今何處也？彩雲依舊無蹤跡。謾教人，羞去上層樓，平蕪碧。

此詞寫於隆興北伐失利後的第二年春天，其詞意很耐人尋味。可以推知，這次北伐失敗對辛棄疾的打擊相當之大。辛棄疾在作品中所抒發的傷春、念遠之情的深層含義，實際上是對隆興北伐失利的惋惜和對國家前景的深憂，這與他當時雖處低位卻仍牽念故國的心態完全吻合。

當年秋天，辛棄疾在江陰做簽判的兩年任職期滿，改任廣德軍（隸屬今安徽宣城）通判。

通判和簽判差不多，一般由皇帝直接委派，輔佐州政，可視為知州副職，在州府長官領導下掌管糧運、家田、水利

和訴訟等事項，同時也對州府長官有監察之責。在南宋，通判可以直接向皇帝奏報州郡內包括州郡官、縣官在內的官員情況。有此一職，中央與州縣的關係，即如心之使臂、臂之使手，指揮自如。但有一點，一般權知軍州事都是官至二三品，而通判級別則多數僅為從八品，相差懸殊，兩者的關係不太好處理。

廣德軍在現今的安徽宣城地區，在長江之南，緊鄰湖州長興，位於江陰西南四百里處。

辛棄疾這一去，在安徽廣德通判任上一做就是兩年。

這兩年，辛棄疾一心在公務上，卻忽略了與同事維持好關係。廣德權知軍州事黃雎是一個官場老手，善於見風轉舵，時間一長，兩人的關係就出現問題。

年輕的辛棄疾心高氣傲，快言快語，愛憎分明，從一開始就看不上黃雎這種人，到後來，兩個人的關係越來越糟，甚至發展到你死我活的地步。但是，在官場歷練尚淺的辛棄疾最終沒能勝過這個老奸巨猾的官場老手，黃雎惡人先告狀，向吏部參劾辛棄疾，說他和郡守不和，無法勝任工作。辛棄疾一氣之下，也只得向吏部反映黃雎結交地方豪強，盤剝百姓，從中取利。

南宋乾道二年（西元一一六六年）的冬天特別寒冷，但對於辛棄疾而言，更是苦寒。年底，朝廷一紙令下，以性格

## 第八章　宦海奔波多　成家立業忙

暴躁、頂撞上司為由免去他的通判之職，只保留了承務郎的官階。

命運面貌的呈現，再次遠遠出乎辛棄疾的預料。

官場上的對頭下手如此之快，如此之狠，朝廷的罷免來得如此突然，的確超出辛棄疾的想像。他本還想據理力爭，向朝廷進一步的申訴。朋友們都勸他，還是順勢而為較為妥當。等事情過去一段時間，辛棄疾細細思考，覺得和這種官場小人過度計較，也有損自身的形象和心情，還是從長計議為上。

乾道三年（西元一一六七年）初，新的任命遲遲未到，那就乾脆先放鬆一下。於是，辛棄疾離開廣德，回到位於杭州的家中，開始了一段相對悠閒的家居與遊歷時光。大約有半年多的時間，他主要都在訪親問友、觀覽山河。

這些日子裡，既有無官職的失落和茫然，卻也獲得了無官一身輕的自在與從容，除了讀書、寫詩和四處遊走外，辛棄疾也汲取前幾年獨來獨往的經驗教訓，注意適度而審慎地和朝廷裡志向相投的人結交。

那段時間內，和辛棄疾交往較多的朋友中，除了賈瑞、王友直等歸正人和一些文友，大都是政界赫赫有名的人物。因為他們，辛棄疾得以知曉朝廷內部的一些訊息，感受皇帝的心態變化，同時培養深厚的友誼。後來的事實證明，這些

朋友深刻地影響了他人生的走向，也對他的仕途有所推進。

　　當年春天，辛棄疾來到湖州長興，拜訪在這裡做縣丞的范邦彥。除性情相投外，還有一個很重要的原因，就是范邦彥也是北方歸正人。在這一點上，兩人可謂同病相連。早在辛棄疾千里奇襲敵營活捉張安國初到臨安時，范邦彥就知曉了他的大名，對他分外佩服、欣賞，並認為他這樣的人正是南宋短缺的棟梁之材。現在，看到辛棄疾來拜訪，恭敬有加，感覺十分親切。兩人交談後，頗多共鳴，真有相見恨晚之感。而范邦彥深知辛棄疾不僅相貌出眾，胸懷大志，還滿腹經綸，擁有不凡文采，對他就更加喜歡了。

　　在范邦彥的一再挽留下，辛棄疾帶著家人在長興一待就是一個月左右的時間。

　　之後，正趕上范邦彥回鄉省親，他又熱情邀約辛棄疾到他京口（今江蘇鎮江）的家中小住。辛棄疾見他情真意切，便欣然前往。

　　京口離湖州長興有三百多里遠，兩位年齡相差整整二十歲的忘年交一路上並馬齊鞍，迤邐而行，傾心長談，關於時事，關於人生，關於文學，彷彿有說不完的話題。但此時，辛棄疾還不知道，在范邦彥的內心還有另外的盤算。

　　辛棄疾在范家逗留的幾日內，和范邦彥的女兒范采蘋見過幾次面，彼此印象很好。范采蘋和辛棄疾同歲，這一年都

## 第八章　宦海奔波多 成家立業忙

是二十八歲。范采蘋也算是大家閨秀，明眸皓齒，且知書達理，富有學養，氣質與眾不同，只是眼光很高，沒有遇到過滿意的郎君，才一直待字閨中。她從小熟讀詩書，兩人交談後，就感覺有不少共同語言。而辛棄疾從第一次與范采蘋相見就有些動心，隨著深入了解，就更被她所吸引，只是一時不好意思明說。

范邦彥把這一切都看在眼裡，過了一段時日，在徵求女兒的意見後，有一天，就主動向辛棄疾提出，要將家中小女采蘋許配給他。

辛棄疾喪偶已有一段時日，孤燈獨枕的日子的確很有些落寞，況且辛稹還小，需要有個好母親來照顧。當然，這些都還不是最重要的。

對於辛棄疾而言，能遇到一位學養豐富的美貌女子，心心相通，琴瑟和鳴，是自己多少年來的心願。雖說和第一任妻子趙嬡也恩愛有加，可在精神契合上總難免有些微的缺憾。而范采蘋的出現，就像是禾苗恰逢雨露，彷彿上蒼的恩賜。

沒過多久，辛棄疾就和范采蘋完婚，兩個人琴瑟和諧，傳為佳話。

辛棄疾和岳父大人本來就是知己朋友，現在更是親上加親。很快，他就和范采蘋的哥哥范如山也成了無話不談的好友。

范如山頗有文采，善於交往，經常和一幫文朋詩友飲宴酬唱，有時候也會叫上辛棄疾。那段時間，辛棄疾時常出席這樣的場合，他的詩詞才華在范如山的朋友圈逐漸傳開。

　　有一次，范如山請幾位朋友在自己家的花園裡喝酒，高興之餘，大家飲酒作詩，輪到辛棄疾時，他指著園中的文官花，脫口就是一則〈水龍吟・載學士院有之〉：

　　倚欄看碧成朱，等閒褪了香袍粉。上林高選，匆匆又換，紫雲衣潤。幾許春風，朝薰暮染，為花忙損。笑舊家桃李，東塗西抹，有多少，淒涼恨。

　　擬倩流鶯說與：記榮華，易消難整。人間得意，千紅百紫，轉頭春盡。白髮憐君，儒冠曾誤，平生官冷。算風流未減，年年醉裡，把花枝問。

　　文官花是一種顏色屢變的花，又名弄色芙蓉，也叫錦帶花。

　　辛棄疾從一朵花的綻放、美麗與凋落聯想到時間的無情，又道出對人生的感慨，還根據自己的親身經歷，寫出官場的冷酷無情。最後，像是自問自答，如果風流的本性沒有隨歲月更迭而減弱減少，那也就只能在一年年的酒醉中，去花枝間詢問答案吧。

　　隨著心境的逐漸開闊，加上家庭生活的豐富有序，辛棄疾開始學會用另一種眼光看待世界，久違的詩情畫意在他的

## 第八章　宦海奔波多 成家立業忙

心中重新煥發出另一種激情。

乾道三年（西元一一六七年）秋天，離辛棄疾被免去廣德通判半年多，朝廷新的委派才姍姍來遲，他被任命為建康（今南京）通判。

眾人都來向他表示祝賀，而他自己卻覺得這個任命和自己的期望相差甚遠。然而，內心失落後，他調整心態，與杭州的朋友拱手告別，便帶著家眷赴任去了。

建康，那是五年前高宗皇帝第一次召見他的地方，現在他又來了。

和江陰、廣德相比，建康作為南宋的留都，也曾作為京城備選，地處長江南岸，是南宋國家重鎮。朋友們都對他表示祝賀，辛棄疾卻仍然淡然處之。

時隔多年，辛棄疾重返建康，出現在他面前的城市比他上次所見大有改觀，百姓生活漸入正軌，古時繁華之貌有所恢復。

《乾道建康志》的序中曾這樣描寫建康：

坐鎮江淮，為國陪都，行宮萬鑰，禁旅千營。斗星呈祥，金陵表慶，戶納千呈，囊括六代。觀埋金鑾淮之舊跡，則知王氣之長存；尋烏衣青溪之故里，則知衣冠之素盛。訪結綺望仙之遺址，然後知淫奢之可戚；驗石頭白下之高壘，然後知備禦之有方。以至愴新亭風景，則見王導有克服之心，登冶城回望，則知謝安有遐想高世之志。

這是一座歷史之城，一座名人之城，也是一座充滿詩情畫意的城市。

經過南宋官場的初步歷練，聰慧過人的辛棄疾在看待問題、處理事情以及人情世故等方面，都有所進步。可以說，建康通判期間，辛棄疾開始認真結交官場和朝中那些志同道合的仁人志士、學者大儒，由此所積累的經驗和人脈，對他今後的宦海生涯有不少幫助。

這段時間裡，和辛棄疾來往頻繁的還有其他一些官員，如趙彥端、韓元吉等，這些人物在當時的政界赫赫有名，或在文壇聲名遠播，交往於他們之間，辛棄疾居然恍惚有如魚得水之感。

建康知府史正志便是其中較為突出的一位。辛棄疾到任時，史正志還同時兼江東安撫使、沿江水軍制置使、行宮留守等數職。

乾道四年（西元一一六八年）春，史正志在建康府設立船場，增造戰船，製造出一艘重達一百噸的戰船，由十二個葉片組成的槳輪驅動。他還在秦淮河畔夫子廟附近修建了建康貢院，後來發展成著名的江南貢院。次年，他重修了建康府城牆，增強城市防守能力。此外，還編成南京歷史上第一部方志《乾道建康志》。

史正志的德政受到朝野人士的認可，辛棄疾自然非常欽佩，尊敬有加。兩人志趣相投，交往頗多，經常探討恢復中

## 第八章　宦海奔波多 成家立業忙

原的大計。一次，史正志宴請同僚，辛棄疾在宴席上賦一首〈滿江紅‧建康史帥致道席上賦〉：

> 鵬翼垂空，笑人世，蒼然無物。還又向，九重深處，玉階山立。袖裡珍奇光五色，他年要補天西北。且歸來，談笑護長江，波澄碧。
>
> 佳麗地，文章伯。金縷唱，紅牙拍。看尊前飛下，日邊消息。料想寶香黃閣夢，依然畫舫青溪笛。待如今，端的約鐘山，長相識。

該詞寫得磅礴大氣，將憂國之情表現得縱橫捭闔，最後又說到朋友之間的相約相見與對友誼的長遠期待。這友誼裡面，一定還暗含著共同復國的理想願望。

在另一首〈念奴嬌‧登建康賞心亭，呈史致道留守〉中，辛棄疾這樣寫道：

> 我來弔古，上危樓，贏得閒愁千斛。虎踞龍蟠何處是，只有興亡滿目。柳外斜陽，水邊歸鳥，隴上吹喬木。片帆西去，一聲誰噴霜竹。
>
> 卻憶安石風流，東山歲晚，淚落哀箏曲。兒輩功名都付與，長日唯消棋局。寶鏡難尋，碧運將暮，誰勸杯中綠。江頭風怒，朝來波浪翻屋。

光是在北宋，唐宋八大家裡就有曾鞏、蘇轍兩個人來濟南做過官，留下了大量詩作。因為弟弟在濟南工作，蘇東坡

還兩次來到濟南，並留有詩作和墨跡。蘇東坡作為一代文豪，他的詞橫空出世，奠定了宋詞與唐詩雙星並耀的地位，其作品的豪放風格和宏大主題都對辛棄疾產生了深遠影響。

中國詩歌歷史源遠流長，其形式和內容也在不斷變化，從最初《詩經》裡的四言，到漢樂府的五言詩，再到唐朝的七律和七絕，都曾有膾炙人口的藝術精品。到了宋代，詞這種藝術形式開始長足發展，可直到蘇東坡的出現，才將詞從風花雪月帶到更恢宏廣闊的境界。

蘇東坡去世時，李清照十七歲，剛剛在北宋詩壇嶄露頭角，後來成長為當之無愧的中華第一女詞人。儘管風格截然不同，但同為濟南人，李清照詩詞對辛棄疾的影響自不待言。

辛棄疾天資聰慧，學習勤奮，從小到大其詩詞歌賦與書法都超出常人。只是年輕時一直從事抗金戰爭，即使後來初入官場，依舊沉浸於收復北方山河宏願，沒有太多的閒暇專注於詩詞寫作。

然而，置身南宋官場一段時間之後，他才發現，收復大宋江山與重回北方，原來是一場十分遙遠的夢。儘管國家不完整，但皇帝一旦登上寶座，很容易沉醉於權力的迷幻和享樂的泥潭，在這樣的皇帝身邊，自然而然就會聚集起一批阿諛奉承、投機取巧的小人。加上社會集權制的特點和慣性，

# 第八章　宦海奔波多 成家立業忙

言路趨於閉塞，民心漸漸離散，先朝遭受的屈辱，北方子民的命運，祖國的統一大業，就逐漸被拋到九霄雲外去了。

辛棄疾做建康通判後，有相知相交的友人，自然少了那些鉤心鬥角的麻煩。生活中有了恩愛的妻子范采蘋，兒子辛積也在漸漸長大，家庭溫暖油然而至。自己從官衙忙碌一天歸來，享受著愛妻悉心照料，兒子承歡膝下。辛棄疾吟詩寫字，愛妻在一旁鋪紙研墨，紅袖添香，每有新詞誕生，夫妻倆還能夠欣賞評點。這麼多年來，辛棄疾差不多是第一次如此切近與完整地感受到子女繞膝、夫唱婦隨的天倫之樂。

這樣的心情，使得辛棄疾有更多的精力轉向詩詞歌賦，似乎有一個在他心中沉寂多年的詞聖，正在慢慢醒來，呼之欲出。

唐朝詩人杜甫曾經在大明湖歷下亭接受書法家李邕的宴請，寫下過「海右此亭古，濟南名士多」的詩句，這兩句詩後來成為濟南城的名片。在這眾多的濟南名人當中，現在又要走來一位才華橫溢、風格獨特的大詩人，他就是辛棄疾。

# 第九章
## 吳天楚地闊 大鵬任翱翔

## 第九章　吳天楚地闊 大鵬任翱翔

　　乾道六年（西元一一七〇年）十二月，辛棄疾又作詞〈千秋歲‧金陵壽史帥致道時有版築役〉，為即將離任的史正志祝壽，其詞云：

　　塞垣秋草，又報平安好。尊俎上，英雄表。金湯生氣象，玉珠霏談笑。春近也，梅花得似人難老。

　　莫昔金尊倒，鳳詔看看到。留不住，江東小。從容帷幄去，整頓乾坤了。千百歲，從今儘是中書考。

　　該詞字裡行間在讚頌好友的功績同時，也沒忘表達一下彼此「整頓乾坤」的共同願望。

　　辛棄疾不是善於逢迎之人，如果不是好朋友，如果不是真能感動他，一般情況下他絕不會一再地為之作詩。

　　辛棄疾在建康與史正志交往而結下的深厚友誼，在詞壇一直傳為佳話。辛棄疾為史正志所作的這幾首詞，也一直為後人所傳誦。

　　和之前宋詞的題材相比，辛棄疾的詞和蘇詞一樣，不再像以往那樣沉溺於花花草草、離情別緒的描摹與敘寫，開始將筆觸深入到抒發家國情懷的領域，初步表現出其雄渾曠達的豪放派風格。

　　和棠溪劍相比，詩詞正在成為他的另一個武器。

　　按辛棄疾自己的理念，他本應該成為像岳飛那樣叱吒風雲的一代名將。而現在，各種因緣際會，他卻從戰場轉向了

詩詞疆土，從抗金前線返回到自己豐富的精神世界，很難說是悲是喜，是得是失。

在這一期間，辛棄疾還做了一件大事。他前後花了大半年時間，反覆構思、寫作，幾易其稿，將自己對國家局勢和抗金策略的觀點，寫成了長達萬言的〈禦戎十論〉。

到建康上任後不久，他就透過朝廷裡的重要人物，上書給了孝宗皇帝。

可以說，〈禦戎十論〉集中體現了辛棄疾的政治與軍事思想，條理清晰，概括全面，思想深刻，文字簡潔有力，它和後來寫作的〈九議〉等共同組成辛棄疾的政治、軍事思想體系。

〈禦戎十論〉又叫〈美芹十論〉。「美芹」典出《列子·楊朱》：過去有人認為水芹、蒿和蠶豆是甜美的食物，並對本鄉富豪稱讚它們，結果這些人嘗了之後，就像被毒蟲叮了嘴一樣，肚子也開始疼痛，大家都譏笑和埋怨那個人，那人也大為慚愧。

在這裡，辛棄疾是以「獻芹」之意自謙。

這篇奏論從審勢、察情、觀釁、自治、守淮、屯田、致勇、防微、久任、詳戰十個方面陳述任人用兵之道，從中可以看出辛棄疾的遠見卓識和軍事謀略。

在論文之前，辛棄疾加了一篇總敘，作為向皇帝進書的札子。他在札子中先自我介紹，然後就尖銳地指出：自從對

## 第九章　吳天楚地闊 大鵬任翱翔

金作戰以來，大宋一直陷於被動，從來沒有想到過爭取主動，這是戰爭失敗的主要原因，而投降派自毀長城的行為對民心士氣的打擊尤為嚴重，所以張浚的主動北伐，是值得稱許的。

過去了八百多年，即便是放到現在來看，辛棄疾的真知灼見和大膽論證也讓人熱血沸騰，其許多觀點都令人耳目一新。

然而，出乎辛棄疾的意料，〈美芹十論〉上書給皇帝之後，彷彿石沉大海，沒有聽到孝宗皇帝的一點答覆。

應該說，對於這種結果，他也早有預料，所以就沒有特別沮喪。他相信自己的判斷，更相信自己的忠誠，對凝結著他大量心血的〈美芹十論〉充滿信心。即使自己的主張現在沒有受到朝廷和人們的重視，不久的將來，總會有一天，他的思想會被皇帝接受，他的策略會被人們運用，抗金復國的願望一定會達成。

只是這一切，還有待於時間。

辛棄疾還很年輕，他還有漫長歲月可以等待，他還有足夠的耐心。

從另一個角度，或許可以這樣說，對於一個從根部就已經孱弱、腐朽的朝代而言，時間並不是樂觀的藉口。而對此，辛棄疾可能認識得還不夠深刻。或許，對於身處歷史之

中的人物而言，他寧願相信一切都會朝著自己所希望的方向慢慢轉變。

南宋乾道六年（西元一一七〇年）二月初，辛棄疾因為左相虞允文和時任樞密都承旨葉衡的推薦，在都城臨安（今杭州）受孝宗皇帝的接見。

這一年，辛棄疾剛剛三十一歲。

這是辛棄疾第三次受到南宋皇帝的召見，前兩次都是宋高宗，而這一次換成了繼位已經八年的宋孝宗。

上次被召見是在垂拱殿，這次改在延和殿。

孝宗皇帝也許聽說過辛棄疾深入金營活捉張安國的傳奇，或許也看到過他一年前呈送的〈美芹十論〉，對他的北伐策略和構想予以肯定，對他顯示出的軍事戰爭才華有所欣賞。

在見面中，皇帝委婉地告訴辛棄疾，當下最重要的事情還是處理南宋的國計民生，要以社稷為重，對金國的態度要審時度勢，先壯大自己，再尋機北伐，收復中原要從長計議，徐徐圖之。

對於一個基層官員而言，受到皇帝召見是一件幸運和難得的事情，而召見本身也說明，被召見之人在某方面的才能或事蹟已引起皇帝的興趣。從皇帝簡短的言談中，辛棄疾意識到，經過符離之敗後，孝宗皇帝對北伐的信心已大打折

## 第九章　吳天楚地闊　大鵬任翱翔

扣。但他還是想方設法順著皇帝的思路，旁敲側擊地簡潔陳述自己〈美芹十論〉中的一些主要觀點，那畢竟是自己長時間深入思考的成果，其中蘊含著自己的終生理想。

和高宗皇帝相比，孝宗算比較有抱負，他即位之初便為岳飛平反，大力起用主戰派，並迅速開始北伐。只是因為戰爭準備不足，才導致出師不利，慘遭敗績。客觀地說，孝宗皇帝在內政上進一步加強集權，積極整頓吏治，淘汰無所作為的冗官，懲治貪汙腐敗，重視農業生產，力促百姓生活安康，取得了一定的正面效果，因此，他在位期間被後世譽為「乾淳之治」。乾是指乾道，淳是說淳熙，指宋孝宗的兩個年號。

和孝宗皇帝見面後不久，辛棄疾就獲得新的任命，官階由原來的承務郎轉宣教郎，調任司農寺主簿。

南宋時的司農寺一般設有：卿一人，從三品；少卿二人，從四品上；丞六人，從六品上，總判寺事；另外，還設有主簿一人，從正七品，由京官充任。這是一個掌管全國各地倉庫和官吏俸祿等事務的機構。和過去相比，辛棄疾在官階上升了一級，但在南宋龐大的官僚體系裡，這還只是一個墊底的角色。唯一的差別是，在京城做官，無論是和朝中一些重要人物的交往，還是向皇帝進言，機會總是多一點。

辛棄疾上任後很快就熟稔業務，掌管司農寺印章、簿書

和內部審計事宜，因為公務不是特別繁忙，辛棄疾的日子過得還算是清閒有序。

平靜而安詳的日子裡，常常會有詩意來襲。

皇宮西邊不遠就是西湖，閒暇時，辛棄疾經常到湖邊散步。清風徐來，陣陣荷香悄悄瀰漫。放眼斷橋，一行行綠柳迎風擺動。水裡魚兒暢游嬉戲，空中鳥兒鳴叫飛翔。遠眺望湖樓，天高雲低，人進人出，乍一看還真是一派安寧、祥和景象。

回到家中，辛棄疾揮筆寫下〈念奴嬌·西湖和人韻〉：

晚風吹雨，戰新荷，聲亂明珠蒼璧。誰把香奩收寶鏡，雲錦紅涵湖碧。飛鳥翻空，游魚吹浪，慣趁笙歌席。坐中豪氣，看公一飲千石。

遙想處士風流，鶴隨人去，老作飛仙伯。茅舍疏籬今在否，松竹已非疇昔。欲說當年，望湖樓下，水與雲寬窄。醉中休問，斷腸桃葉消息。

辛棄疾在臨安做官的這兩年，認識了一個叫呂祖謙的人。呂祖謙於乾道六年（西元一一七〇年）升任太學博士，兼國史院編修官、實錄院檢討官，和辛棄疾是鄰居，住在御街旁的同一條巷子裡，兩個人心性相近，意趣相投。呂祖謙一生遭遇諸多不幸，但在學業上卻獨樹一幟，成為南宋一位重要學者和思想家。後人評價說：「宋乾、淳以後，學派分

# 第九章　吳天楚地闊 大鵬任翔翔

而為三：朱學也，呂學也，陸學也。三家同時，皆不甚合。朱學以格物致知，陸學以明心，呂學則兼取其長，而復以中原文獻之統潤色之。」朱指朱熹，陸指陸九淵，而呂說的就是呂祖謙。

也正是透過呂祖謙，辛棄疾在臨安得以結識一批志同道合的同僚，張栻、周必大、趙汝愚等，個個都非等閒之輩。還有一個重要人物，就是時任宰相的主戰派領袖人物虞允文。虞允文因采石之戰成名，在那個時間段一直是南宋朝廷的支柱，他和史正志、葉衡等人都關係密切。虞允文早就聞聽過辛棄疾的大名和傳奇經歷，很賞識他，之前還專門向孝宗皇帝大力舉薦過。

乾道六年（西元一一七〇年）秋天，范采蘋產下一子，辛棄疾為他取名辛秬。秬指的是黑色的黍，古人用來釀酒。這一年，大兒子辛積已經七歲。

在辛棄疾一生中，這一段時光是比較順遂的，官職升遷，交友廣泛，夫妻恩愛，家庭和睦，進朝有同事相助，回家有子女繞膝。

乾道七年（西元一一七一年）三月，意氣風發的辛棄疾向孝宗皇帝又連上兩書，分別是〈論阻江為險須藉兩淮疏〉、〈議練民兵守淮疏〉，再次闡明自己對金作戰的防務構想和民兵守防的理念。

奏疏呈上去不久，很快就得到皇帝的御批，奏疏中提到的一些建議得到朝廷的採納。

　　兩年的京官時間轉眼過去，乾道八年（西元一一七二年），辛棄疾被任命為滁州（今安徽省滁州市）知州。

　　滁州之名始於隋朝，因滁河（古稱涂水）貫通境內，又因「涂」通「滁」，故名「滁州」。滁州吳風楚韻，氣貫淮揚，為六朝京畿之地，自古有「金陵鎖鑰、江淮保障」之稱，西北距現在的南京只有一百四十多里。

　　南宋時期，因滁州位於長江以北，再往北就是淮河，一旦宋金交兵有戰事，滁州就會成為前線。在幾次金兵南侵時，這裡曾數度淪陷。此地除遭戰火外還常有水旱災荒，百姓流離失所，土地荒蕪。因此，官員一般都不太願意到這裡。

　　辛棄疾不管這些。或者說，別人都不願意去的地方，也許正是他能夠大展宏圖之地。

　　此前他到外地做官，大都是任職通判，官職較低，做的只是協助性的工作，還要維護與上級的關係。而這次他是作為地方最高行政長官來到這裡，自己的想法、抱負與行政治理方略，都可以在管轄範圍內實施，為一方百姓帶來福祉。

　　辛棄疾一到滁州就馬不停蹄深入民間，他很快知悉，來這裡的歷任知州為突出政績，都不斷提高當地百姓的稅賦，

## 第九章　吳天楚地闊 大鵬任翔翔

導致民生凋敝；再就是滁州地處偏僻，對商賈缺乏吸引力，商業十分落後。

辛棄疾不敢怠慢，他根據滁州的實際情況，向朝廷提出減免當地百姓和商人的負擔，並賑濟貧困人口。戶部和兩淮西路很快回信，准予全部免除當地人歷年積欠的稅賦，同時撥付兩千五百貫給百姓，凡來此投資的商業人士都給予大力支持。告示一公布，當地百姓歡呼雀躍，奔走相告。與此同時，辛棄疾還頒布了一系列政策，號召流亡百姓回家，給予田地和錢糧，並為之修建房屋，百姓一時來歸，農業、商業短時間內就恢復了生機，辛棄疾的美名被當地百姓爭相傳頌。

為了招徠外地商旅，辛棄疾利用朝廷撥付的款項修建了農貿市場和館舍，並命名為「繁雄館」。他還在該館後面的豐山腳下築起一座兩層的高樓，拔地而起，巍峨壯觀，稱之「奠枕樓」。

北宋期間，歐陽脩就在滁州做過官，他除了留下美譽外，還留下一座著名的醉翁亭，加上辛棄疾留下的奠枕樓，這一亭一樓是他們「與民同樂」、「為民解憂」的最好見證。

滁州當地名流李清宇創作一闋〈聲聲慢〉以紀念奠枕樓的修建，辛棄疾也和了一首〈聲聲慢·滁州旅次登奠枕樓作，和李清宇韻〉：

征埃成陣，行客相逢，都道幻出層樓。指點簷牙高處，浪湧雲浮。今年太平萬里，罷長淮，千騎臨秋。憑欄望，有東南佳氣，西北神州。

千古懷嵩人去，還笑我，身在楚尾吳頭。看取弓刀陌上，車馬如流。從今賞心樂事，剩安排，酒令詩籌。華胥夢，願年年，人似舊遊。

在滁州做知州兩年，時間雖然不長，卻是辛棄疾第一次成為地方最高長官，他一心愛民的情懷處處體現，他的名聲在百姓口中傳播，才能也得到朝廷的初步認可。

在當時，像辛棄疾這樣既有從政才能又有詩名的官員委實不多。

在滁州期間，辛棄疾和同僚也相處融洽。他有一個副職叫范昂，任滁州通判要外調，辛棄疾親自擺下酒宴為他送行，還寫了一首〈木蘭花慢·滁州送范倅〉相贈：

老來情味減，對別酒，怯流年。況屆指中秋，十分好月，不照人圓。無情水都不管，共西風，只管送歸船。秋晚蓴鱸江上，夜深兒女燈前。

征衫便好去朝天，玉殿正思賢。想夜半承明，留教視草，卻遣籌邊。長安故人問我，道愁腸殢酒只依然。目斷秋霄落雁，醉來時響空弦。

## 第九章　吳天楚地闊 大鵬任翱翔

送別之餘，詩人竟也開始嘆老嗟卑，而這時候辛棄疾才剛過而立之年。可見他這些年來，不管表面生活得怎麼樣，內心總是愁腸依舊，抱負難施。

美好的日子總是短暫，困頓的事情似乎才是生活常態。

因為采石大戰中大敗金兵有功，乾道元年（西元一一六五年），虞允文被召回臨安，拜參知政事兼知樞密院事，後因事被諫官攻擊，於是遭貶出任宮觀使。乾道三年（西元一一六七年）二月，虞允文再次入朝，授知樞密院事兼參知政事，中間還兼任四川宣撫使。乾道八年（西元一一七二年）初，宋孝宗改「左、右僕射」為「左、右丞相」，虞允文被授為左丞相兼樞密使、特進。他在相位時，大力提拔賢良之士，如楊萬里、胡銓、周必大、趙汝愚等，包括辛棄疾。他平時只要見聞誰的言行可取，便將其記下，最後將人才分為三等，輯成《翹材館錄》一書，以收用賢才。淳熙元年（西元一一七四年）六月，虞允文積勞成疾，在四川去世，享年六十五歲。孝宗聞訃訊，為之輟朝，追贈少師。皇帝本來就常在戰與和之間徘徊，現在，失去主戰派的實力人物之後，就更沒有和金朝作戰的心情，從此以後乾脆也就不提了。

在南宋朝廷裡，主戰和主和兩派的戰爭從來就沒有停止。可能和南宋皇帝們的潛意識有關，相比之下，主戰派占

據主導地位的時間總是相對較短。

虞允文逝世後，辛棄疾感覺到朝廷對於收復中原再次失去信心，也難免十分失望。

不久，辛棄疾就生了一場大病，只得辭掉滁州知州回到京口（鎮江），休養一段時間後，才漸漸康復。

就在這時候，時任建康留守兼江南東路安撫使的葉衡，邀請辛棄疾到他的幕府中擔任參議官。於是，辛棄疾再次來到建康，只不過這次時間很短。但是，可能連辛棄疾自己都沒有想到，他這次的建康之行卻留下了一首千古名作。

南京西水關城上，有一座北宋丁謂建的賞心亭，下臨秦淮河，為「金陵第一勝概」，戰火中曾數毀數建，不少文人墨客登臨吟詠過它。

元豐年間，蘇東坡自黃州移汝州過金陵時，作有〈漁家傲·金陵賞心亭送王勝之龍圖。王守金陵，視事一日移南郡〉：

千古龍蟠並虎踞，從公一吊興亡處。渺渺斜風吹細雨。芳草渡，江南父老留公住。

公駕飛車凌彩霧，紅鸞驂乘青鸞馭。卻訝此洲名白鷺。非吾侶，翩然欲下還飛去。

紹興二十一年（西元一一五二年），范成大由家鄉蘇州赴金陵參加漕試時，曾作有〈賞心亭再題〉：

## 第九章　吳天楚地闊 大鵬任翱翔

　　天險東南重，兵雄百二尊。
　　拂雲千雉繞，截水萬崖奔。
　　赤日吳波動，蒼煙楚樹昏。
　　向無形勝地，何以控乾坤？

　　隆興元年（西元一一六三年），詩人張孝祥擔任建康留守離開後，亦作有〈水調歌頭・桂林中秋〉，懷念賞心亭：

　　今夕復何夕？此地過中秋。賞心亭上喚客，追憶去年遊。千里江山如畫，萬井笙歌不夜，扶路看遨頭。玉界擁銀闕，珠箔卷瓊鉤。

　　馭風去，忽吹到，嶺邊州。去年明月依舊，還照我登樓。樓下水明沙靜，樓外參橫斗轉，搔首思悠悠。老子興不淺，聊復此淹留。

　　現在，跟隨著這些詩人的足跡，辛棄疾也來了。

　　淳熙元年（西元一一七四年）春的一天，辛棄疾在葉衡的陪同下，登上建康賞心亭。眺望腳下的祖國大好河山，想到遲遲不見進展的北伐事業，他的心中頓生無限感慨，只覺得一股熱流在胸腔內翻湧滾動，不可遏制。

　　他激動異常，回到家裡，趕緊展紙研墨，一揮而就，寫下這首境界闊大、氣勢雄渾的豪放名作〈水龍吟・登建康賞心亭〉：

楚天千里清秋，水隨天去秋無際。遙岑遠目，獻愁供恨，玉簪螺髻。落日樓頭，斷鴻聲裡，江南遊子。把吳鉤看了，闌干拍遍，無人會，登臨意。

休說鱸魚堪膾，盡西風，季鷹歸未？求田問舍，怕應羞見，劉郎才氣。可惜流年，憂愁風雨，樹猶如此！倩何人喚取，紅巾翠袖，搵英雄淚！

好一個「把吳鉤看了，闌干拍遍，無人會，登臨意」，將一個胸懷大志卻痛感知音難覓的孤獨靈魂赫然呈現。此詞像極了唐代詩人陳子昂的〈登幽州臺歌〉：

前不見古人，後不見來者。念天地之悠悠，獨愴然而涕下！

在這之前，如果說辛棄疾的詞在南宋的文人墨客中、在皇廷大儒間，甚至在勾欄瓦舍裡，已經小有名氣的話，到此詞一出，他的大名就真正雄冠南國了。

從此以後，辛棄疾的詩詞，一旦有新的佳作誕生，馬上就會傳遍大江南北，甚至都傳到了遙遠的北方金國統治區。在他的家鄉濟南，喜歡他詩詞的人也越來越多。辛棄疾既感到欣慰，同時也加深了對家鄉的思念之情。故鄉一別遙遙千里，不知何時才能返回，和鄉親們歡聚一堂。

那些年裡，無論身居何位，走到哪裡，不管狂放高歌，還是踽踽獨行，有一件事他始終沒有忘記，有一個夙願一直在他心裡沉積與發酵，那就是趕走入侵的金軍，統一祖國的

## 第九章　吳天楚地闊 大鵬任翱翔

河山，回到他熱愛的北方。然而，他一次次憑欄遠眺，拍遍了無數欄杆，面向北方，無限的豪情只能化為聲聲催人淚下的長嘆。

淳熙元年（西元一一七四年）六月初，在葉衡的推薦下，辛棄疾回到臨安，時隔兩年以後，又一次在延和殿受到孝宗皇帝的召見。

五天以後，辛棄疾被任命為倉部郎中。倉部為戶部下屬的直屬部門，倉部郎中是倉部司的主官，為正五品。倉部負責國家糧食的儲備、管理和供應工作，所有糧食的支出命令均由倉部負責審核、簽發，各個倉庫憑倉部簽發的憑證發放糧食。這個官職雖然並不很起眼，但在十分倚重農業的南宋，這個職位直接關係到國計民生。人們常說「兵馬未動，糧草先行」，一旦戰事再起，倉部郎中的地位就更不容小覷。實際上，在和平時期，做好糧食方面的儲備，也是發動戰爭前一項必要的準備工作。

儘管朝廷在北伐問題上多顯示出軟弱的一面，但在國人的思想中，驅除金人恢復故國的願望一直集聚運行，永遠不會熄滅。虞允文走了，又來了一個主戰派葉衡，辛棄疾心中對未來又燃起希望之光。

文友之間不免會有詩歌唱酬，藉此來抒發一些平日裡的難言之緒和隱祕念頭，包括類似於「人生長恨水長東」的感

慨。辛棄疾就為葉衡寫過這樣一首很有想像力的詞〈菩薩蠻·金陵賞心亭為葉丞相賦〉：

青山欲共高人語，聯翩萬馬來無數。煙雨卻低回，望來終不來。

人言頭上發，總向愁中白。拍手笑沙鷗，一身都是愁。

也許，三十多歲的辛棄疾已經長有些許的白髮，而這白髮主要是為故國之愁而生。

又有一天，葉衡過生日，辛棄疾應邀前往祝壽，遂賦〈洞仙歌·為葉丞相作〉一首。即便在這樣的祝壽詞裡，辛棄疾也沒有忘記統一大業：

江頭父老，說新來朝野。都道今年太平也。見朱顏綠鬢，玉帶金魚，相公是，舊日中朝司馬。

遙知宣勸處，東閣華燈，別賜《仙韶》接元夜。問天上，幾多春，只似人間，但長見，精神如畫。好都取山河獻君王，看父子貂蟬，玉京迎駕。

可以說，這次在臨安一年，辛棄疾度過了一段充實的生活。隨著年齡漸長，對家庭的依戀逐漸加深，收復故國的願望卻絲毫未減。和以前相比，這幾年的臨安城正快速走向繁榮鼎盛。遇到空閒節日，辛棄疾也會陪著范采蘋，帶著辛積、辛秬一起去西湖、六和塔等處遊玩，也去觀看過波浪滔天的錢塘潮，可以說盡享家庭之樂。

## 第九章　吳天楚地闊　大鵬任翱翔

詩人一旦心情舒爽，佳作也就會如汩汩泉水，長流不斷。

有一天，辛棄疾和友人一起遊覽靈隱寺飛來峰西麓的冷泉，他強烈地思念故鄉濟南，想起濟南的泉水，感到自己獨在異鄉的痛楚，遂寫下〈滿江紅·題冷泉亭〉：

直節堂堂，看夾道，冠纓拱立。漸翠谷，群仙東下，佩環聲急。誰信天峰飛墮地，傍湖千丈開青壁。是當年，玉斧削方壺，無人識。

山木潤，琅玕濕。秋露下，瓊珠滴。向危亭橫跨，玉淵澄碧。醉舞且搖鸞鳳影，浩歌莫遣魚龍泣。恨此中，風物本吾家，今為客。

這一年的元宵節，辛棄疾和家人一起來到艮山門附近的御街，隨著過節的人流，一路遊覽一路歡笑。辛棄疾欣然寫下〈青玉案·元夕〉：

東風夜放花千樹，更吹落，星如雨。寶馬雕車香滿路。鳳簫聲動，玉壺光轉，一夜魚龍舞。

蛾兒雪柳黃金縷，笑語盈盈暗香去。眾裡尋他千百度，驀然回首，那人卻在，燈火闌珊處。

又是一次心靈穿越，又是一首傳世之作。

對於辛棄疾來說，「驀然回首」所看見的「那人」究竟是誰呢？是一位如花似玉的女子，還是多年前失去的親人，

或者，乾脆就是那心心念念卻再也回不去的故鄉。

　　淳熙二年（西元一一七五年）六月，辛棄疾被任命為江西提點刑獄公事，主要任務是剿滅流竄於南方幾省的一股暴動茶商。提點刑獄公事是宋代中央派出的「路」一級司法大員，官職四品，監督管理所轄州府的司法審判事務，審核州府卷案，並督治奸盜、維持地方治安，申理冤假錯案，負責對所部官吏年度考核等。

　　對於辛棄疾而言，由於自身的特長和理想，凡是和軍務、抗金有關的任命，他都樂於接受。後來的事實也充分證明，他的軍事才能和戰爭風格在江西任上淋漓盡致的展現，儘管這一次他面對的不是金人，而是暴動起事的南宋子民。

　　這年四月，在湖北江陵一帶，發生了一場茶商暴動。

　　中國茶葉大都產於淮河與長江以南，宋金南北分治後，南宋對茶葉銷售課以重稅，致使茶葉價格居高不下。因為利益驅動，每到下茶時節，茶販子便活躍於南方各產茶區。有的茶販子還越過長江、淮河將私茶運往金國統治區，以獲取巨額利益。因此，從北宋開始，朝廷就嚴厲打擊盜販私茶者，到南宋更甚。官府與茶商之間的劇烈矛盾與衝突導致這起暴動。

　　大約有四五百名茶商，在一個名叫賴文正的頭目領導下，從湖北起事，經過湖南、江西進入廣東，遭到阻擊，又

# 第九章　吳天楚地闊　大鵬任翱翔

從廣東退回江西。儘管各地官兵圍追堵截，這支大多由亡命之徒組成的茶商軍居然屢次大敗政府軍，穿行於江贛的崇山峻嶺，遊走於幾個地區之間，成為令南宋朝廷頭疼的一件大事。

就是在這種情況下，在葉衡的推薦下，朝廷起用了辛棄疾。

移交完倉部郎中的工作，安頓好家眷之後，辛棄疾經過一千六百多里的長途奔波，於七月初到達江西贛州，迅速開始著手對付賴文正。

他充分發揮郴州、桂陽、安福、永新等地鄉勇熟悉地形的優勢，從中選出精兵強將派往茶商軍活躍地區，在各個重要的關卡、路口、山隘都由專人把守，以切斷茶商軍的活動通道。同時還派出大量當地百姓作為官軍的耳目，四處布置哨所和流動人員，負責收集茶商軍的活動消息。另外，專門由官府軍組成機動部隊，一旦發現茶商軍動態就緊緊尾隨跟蹤，伺機攻擊。

這一下，茶商軍本來最擅長的機動戰術被遏制，活動範圍被壓縮，其命運完全為官軍所掌握。茶商軍見此，很快就流露出想被招安的意圖。

辛棄疾非常及時地派出官員前去談判，許以立功贖罪、既往不咎，這時候只剩下一兩百人的茶商軍知道官府的態度後，大多數都表示願意和合作。賴文正見此只好放棄抵抗，

也竊想說不定還能保全自家性命，於是率眾投降。

辛棄疾心血來潮，特地到大牢裡見了這位茶商叛軍的首領。賴文正問他，能不能像前去招安的人員所言饒他一死。辛棄疾一時未置可否。

事後，詳細揣摩朝廷的意思後，辛棄疾下令，部分茶商軍按照他們的意願釋放回家，其餘的編入政府軍隊，將賴文正斬首示眾。

平定了暴動的茶商，辛棄疾心情不錯，還專門賦一首〈滿江紅·贛州席上呈太守陳季陵侍郎〉：

落日蒼茫，風才定，片帆無力。還記得，眉來眼去，水光山色。倦客不知身近遠，佳人已卜歸消息。便歸來，只是賦行雲，襄王客。

些個事，如何得。知有恨，休重憶。但楚天特地，暮雲凝碧。過眼不如人意事，十常八九今頭白。笑江州，司馬太多情，青衫濕。

贛州太守陳天麟，字季陵，宣城人，在茶商軍進犯贛州、吉安時，他全力以赴協助辛棄疾作戰。

在這首詞裡，辛棄疾為我們貢獻了兩個原創，一個是「眉來眼去」，一個是「不如人意事，十常八九」。一個後來轉化成表達男女兩情相悅的成語，另一個則成為表達人生態度的箴言。

## 第九章　吳天楚地闊　大鵬任翱翔

　　在不到兩個月的時間內，乾脆俐落地徹底平定暴動，使辛棄疾在朝中再次名聲大震。當然，也有一些人認為最後殺掉賴文正屬於失信於人。消息傳到孝宗皇帝那裡，趙昚表示，辛棄疾滅寇有方，應該給予獎勵。

　　新任命很快到達，仍任江西提點刑獄公事，只是另外加了個兼職的官名，叫做祕閣修撰。

　　就在辛棄疾留任江西不久，一個壞消息從杭州傳來，好友葉衡被皇帝罷相。這對辛棄疾是個不小的打擊，他知道，葉衡的離去代表主戰派在朝廷裡再次失勢，收復中原的理想又重新變得遙不可及。他趕緊寫信詢問葉衡，葉衡回信囑咐他要好自為之。他的心情有些不振。

　　也就是這次任職江西的經歷，使辛棄疾和這片土地產生了難解之緣。時間雖然不長，他卻喜歡上了這裡。一是這些年來，他逐漸認清了朝廷的所作所為；再就是隨著年齡漸長、家室擴充，但多年來一直遷徙不定，居無定所。當他看到江西山清水秀、民風純樸時，慢慢內心便萌生出在這裡安家的願望。

　　江西贛州西北部賀蘭山頂，有一個叫造口壁的地方，又稱望闕臺，為歷史遺跡。

　　淳熙三年（西元一一七六年）秋天，三十七歲的江西提點刑獄公事辛棄疾經過這裡，望著滔滔江水，聯想到國家的

境遇和個人的未來，一股悲憤之情難以抑制，於是揮筆在江邊石壁上題了一首〈菩薩蠻‧書江西造口壁〉：

> 郁孤臺下清江水，中間多少行人淚。西北望長安，可憐無數山。
>
> 青山遮不住，畢竟東流去。江晚正愁餘，山深聞鷓鴣。

這是一首「借水怨山」的傑作。至此，辛棄疾的詩詞創作，無論是恢宏的主題，還是獨到的神韻，已經達到相當純粹的高度，其聰穎的天賦、深厚的功底，加上刻苦的學習與訓練，使得一代詞人辛棄疾日臻成熟，冠絕南宋。

當年在亳州時，辛棄疾曾因詩詞創作獲得過「辛黨」之譽。多年以後，辛棄疾的知名度更高，而此時，党懷英雖也略有詩名，但他已經投靠金人，變節事敵，和辛棄疾完全不能同日而語了。

同年秋冬之際，辛棄疾又被調往襄陽，任京西路轉運判官。在宋代，轉運使與發運使下又增設判官，職位略低於副使，稱轉運判官、發運判官，簡稱「運判」，有催徵錢糧之責。

皇帝的任命有時候如久旱之地不見雨，有時候卻又如連綿陰雨不停歇。不到半年，淳熙四年（西元一一七七年）二月，襄陽轉運判官的位置還坐不久，辛棄疾又被改派為江陵府知府，兼任荊湖北路安撫使。

## 第九章　吳天楚地闊　大鵬任翱翔

　　唐代負責巡視經過戰爭或受災地區的官員，稱安撫使，宋代初期沿用之，為中央派遣至諸路處理災傷及用兵事務的特遣專使，後逐漸成為各路負責軍務治安的長官，常以知州、知府兼任。

　　這一年八月初，五十二歲的范成大從四川回臨安時路過江陵。范成大與楊萬里、陸游、尤袤合稱南宋「中興四大詩人」。他不僅詩名遠颺，而且為政清廉，膽識過人，隆興和議期間曾冒著生命危險代表南宋出使金國，舌戰金世宗完顏雍，為人稱頌。辛棄疾與他在臨安時曾有過交往，對其詩名和政治才能都十分欽佩。這次能在江陵招待范成大，辛棄疾非常高興。兩個人在一起暢談局勢，也會推敲詩藝，舊友知音相見甚歡。

　　沒想到的是，這一年冬天，卻發生了一件意外的事情。

　　江陵駐軍中有幾個士兵無故毆打當地百姓，駐軍將領予以袒護，辛棄疾氣憤不過，上疏向朝廷論奏此事。沒想到對方在朝廷內的根基很深，辛棄疾反被彈劾，朝廷以地方官和駐軍首領不和為由，將辛棄疾調任隆興府（今江西南昌）知府兼江西安撫使。

　　淳熙五年（西元一一七八年）四月，辛棄疾三十九歲，他又被召往臨安做大理寺少卿。大理寺相當於現在的最高法院，少卿負責刑獄案件的審理。

這一年，辛棄疾經呂祖謙介紹，與陳亮相識，經過多年的交往，兩人成為彼此一生中難得的知己。

　　陳亮，紹興十三年（西元一一四三年）十月生於婺州（今浙江金華）一個沒落的士人家庭，比辛棄疾小三歲。青少年時期就顯示出聰慧過人和非凡志向。「生而目有光芒，為人才氣超邁，喜談兵，議論風生，下筆數千言立就」。十八歲那年，他考查歷代古人用兵成敗的事蹟，寫出〈酌古論〉，討論了十九位歷史風雲人物。婺州郡守看後驚讚「他日國士也」。乾道五年（西元一一六九年），朝廷與金人議和，天下欣然，唯獨陳亮認為不可，他以布衣身分，連上五疏，朝廷置之不理，這就是歷史上著名的〈中興五論〉。陳亮在青壯年時期，曾兩次參加科舉考試，都未得中。他自己卻說：「亮聞古人之於文也，猶其為仕也。仕將以行其道也，文將以載其道也。道不在我，則雖仕何為？」淳熙五年（西元一一七八年），他再次連續三次上書，慷慨激昂批判自秦檜以來朝廷苟安一隅的國策，同時批評儒生、學士拱手空談的不良風氣，感動了皇帝，孝宗「欲詔令上殿，將擢用之」，但被陳亮拒絕。

　　這樣的人，正好和辛棄疾興味相投。宏願相近，自然是「金風玉露一相逢，更勝卻人間無數」，兩個人一時相見恨晚。這麼多年來，辛棄疾結識過無數仁者志士，其中不乏人中豪傑，有的還對他提攜有加，但是，像和陳亮這樣能夠性

## 第九章　吳天楚地闊　大鵬任翱翔

情高度一致，志向同樣堅定決絕，心靈產生如此共鳴的，還真是第一次。

回到杭州幾個月後，到淳熙五年（西元一一七八年）秋天，辛棄疾又被任命為湖北轉運副使。

不知道為什麼，這幾年來，辛棄疾在各個職位上的任期都很短。而在很長的一段時間內，他不得不總是奔波在路上。在湖北待了半年多以後，次年三月，辛棄疾又被派任荊湖南路轉運副使。

接到任命，喜歡喝酒的辛棄疾免不了要和朋友舉杯相別，酒過三巡，不禁詩興大發，便藉此抒發一下胸中鬱悶與徬徨，寫下了〈摸魚兒·淳熙己亥，自湖北漕移湖南，同官王正之置酒小山亭，為賦〉：

更能消幾番風雨，匆匆春又歸去。惜春長怕花開早，何況落紅無數。春且住，見說道天涯芳草無歸路。怨春不語。算只有殷勤，畫簷蛛網，盡日惹飛絮。

長門事，準擬佳期又誤。蛾眉曾有人妒。千金縱買相如賦，脈脈此情誰訴？君莫舞，君不見，玉環飛燕皆塵土。閒愁最苦。休去倚危欄，斜陽正在，煙柳斷腸處。

他又要出發了，再一次風雨兼程。在南宋朝廷的棋局中，他只是一個不大起眼的小小棋子，被別人隨意拿起，又隨意安放著。而他在這些路途中遇到的芳草，都沒有歸路；他看見的夕陽，也都在天涯孤旅愁斷衷腸的地方。

# 第十章
## 上饒好去處 湖山仿故鄉

# 第十章　上饒好去處　湖山仿故鄉

　　從朝廷對辛棄疾這些匆忙又多變的任命中，也不難看出皇帝在用人上的猶豫與反覆。有的是一時急需，臨時所想；有的是經人推薦，願意一試；而有時肯定就是拆了東牆補西牆。和其他朝代相比，南宋國有其半，偏安一隅，而它的運轉體制在穩定性上甚至還不如別的朝代。

　　這一點，從辛棄疾的宦海浮沉與遷移中，可窺一斑。

　　從淳熙二年（西元一一七五年）六月到贛州做江西提點刑獄公事至今，短短的四年時間內，辛棄疾不是剛上任，就是在赴任的路上。

　　辛棄疾飽嘗奔波之苦，對於每一次任命，只好苦中作樂，充分「享用」每一次旅途的遷徙。當然，有時候，詩歌靈感也會像鳥一樣棲落在他行色匆匆的心上。

　　比如這首〈鷓鴣天・離豫章，別司馬漢章大監〉：

　　聚散匆匆不偶然，二年歷遍楚山川。但將痛飲酬風月，莫放離歌入管弦。

　　縈綠帶，點青錢，東湖春水碧連天。明朝放我東歸去，後夜相思月滿船。

　　從「明朝放我東歸去」，不難看出辛棄疾的內心已經萌生歸意。

　　但現在，辛棄疾還是十分敬業，在不惑之年來到長沙任職，他像往常一樣，還是想好好盡到自己的職責。

鑑於當時各地盜賊四起，辛棄疾一到任荊湖南路轉運副使，就向朝廷上奏〈論盜賊札子〉，陳述自己的見解：

臣竊唯方今朝廷清明，法令備具，雖四方萬里之遠，涵泳德澤如在畿甸，宜乎盜賊不作，兵寢刑措，少副陛下屬精求治之意；而比年以來，李金之變，賴文政之變，姚明敖之變，陳峒之變，及今李接、陳子明之變，皆能攘臂一呼，聚眾千百，殺掠吏民，死且不顧，重煩大兵翦滅而後已，是豈理所當然者哉？臣竊伏思念，以為實臣等輩分閫持節、居官亡狀，不能奉行三尺，斥去貪濁，宣布德意，牧養小民，孤負陛下使令之所致。責之臣輩，不敢逃罪。

淳熙六年（西元一一七九年）八月，宋孝宗下達手詔，宣諭宰執：「批答辛棄疾文字，可札下諸路監司帥臣遵守施行。」同時御筆答覆辛棄疾說：

卿所言在已病之後，而不能防於未然之前，其原蓋有三焉：官吏貪求，而帥臣監司不能按察，一也。方盜賊竊發，其初甚微，而帥臣監司漫不知之，坐待猖獗，二也。當無事時，武備不修，務為因循，將兵不練，例皆占破，才聞嘯聚，而帥臣監司倉皇失措，三也。夫國家張官置吏，當如是乎？且官吏貪求，自有常憲，無賢不肖，皆共知之，亦豈待喋喋申諭之耶？今已除卿帥湖南，宜體此意，行其所知，無憚豪強之吏，當具以聞。朕言不再，第有誅賞而已。

# 第十章　上饒好去處 湖山仿故鄉

　　辛棄疾的意思是要皇帝下令整頓貪官，而皇帝則顧左右而言他。總是這樣，不管你說什麼，皇帝自有皇帝的道理，對不對你只能乖乖聽著。如果你不同意，那麼，表達意見時就要反覆思考，即使那樣，也不敢保證不會惹禍上身。

　　到了這年的秋天，辛棄疾又調任潭州（今湖南長沙）知州兼湖南安撫使。

　　淳熙七年（西元一一八〇年）三月底，傳來消息說，右相張浚之子，時稱「東南三賢」的張栻已於上月二十二日因病去世。辛棄疾被這個噩耗震驚了。張栻這一年才四十八歲，正是年富力強的時候。至此，文壇又走了一位大儒，朝廷又少了一個主戰派知音，辛棄疾也失去了一位賞識自己才華的好友。這些令人傷感的消息，一次一次蠶食著辛棄疾的內心。

　　淳熙七年（西元一一八〇年）八月，鑑於湖湘之地暴動頻發，這次，辛棄疾決心打造一支招之即來、來之能戰的精兵。當然，辛棄疾還有另外一個不能公開的想法，那就是如果能建成一支真正的精銳部隊，能在將來在抗金戰爭中迎敵，就再好不過了。實際上，創建這麼一支隊伍，是他多年來的隱祕想法，只不過原先沒有這樣的機會。

　　辛棄疾立即向朝廷建議，依照廣東路摧鋒軍、福建路左翼軍先例，來創辦這支部隊，隸屬樞密院和侍衛步軍司，歸

湖南安撫使節制。朝廷很快就答覆了，辛棄疾則快馬加鞭地開始工作，招募步兵兩千人、騎兵五百人。為此，他還派專人到廣西產馬之地買回戰馬五百匹。

消息傳到朝廷，那些主和派極力反對，便散播謠言說辛棄疾藉此搜刮民財。樞密院聽信讒言，就通知辛棄疾先停止修建營房。

辛棄疾深知「將在外，君命有所不受」的道理，不但沒有停工，還下令限期一個月內必須建成營房。但是，這麼短的時間內，修建工程所需二十萬片瓦來不及燒製，辛棄疾便又出奇招，向潭州市民出錢購買。他張榜公示，要求潭州城居民每家供送二十片瓦，限兩日內如數運至營房基地，凡按時送到者現場付錢一百文。結果不到兩天，所需之瓦全部湊足。

工程所需石塊的數量也極為龐大，辛棄疾又出一招，他徵發當地的罪犯到城北山上開採石頭，且按照每人所犯罪行輕重規定開採的石頭數目，作為贖罪標準。結果還真奏效，如此龐大數量的石塊在很短的時間內就籌備到位。

飛虎軍很快招募完成，這些英猛威武、膽量過人之輩，再加上嚴格的軍事訓練，一支能征善戰的特別機動部隊誕生了。之後的事實也反覆證明，這支部隊不僅能平亂，抵禦金兵時也戰之能勝，成為遠近聞名的飛虎軍。

# 第十章　上饒好去處　湖山仿故鄉

　　淳熙七年（西元一一八○年）冬，辛棄疾四十一歲，他的貼職由祕閣修撰改為右文殿修撰。十二月初，他再次任隆興府（今江西南昌）知府兼江西安撫使。此前十五年，南宋另一位著名詩人陸游，曾在隆興府任過通判。

　　辛棄疾到任時，隆興府正遭嚴重旱災，他馬上採取措施，公開貼出告示：「閉糴者配，強糴者斬。」糶是賣出，糴是買進。有糧食不賣的一被發現立即予以流配，如果哪裡發現有強搶糧食的人馬上抓住斬首。這時候，辛棄疾的名字在南國已傳開，許多人都聽說過他剛直不阿、說一不二的作風，誰會拿自己的前途和身家性命來冒險呢？

　　時間不長，隆興府市場上糧食奇缺的情況就有所好轉。與此同時，辛棄疾還派人從外地採購大批糧食，以壓下本地居高不下的糧價，在很短的時間內就使隆興府順利渡過災情。

　　這一年，和隆興府緊鄰的信州（今江西上饒）也遇到嚴重的旱災，信州知州向辛棄疾提出借糧。辛棄疾迅速召集會議商量，在會上，他不顧大多數人的反對，決定出借糧食給信州。他為賑災所做的諸多善事，為他在這一帶贏得了美譽。

　　這期間，還發生了這樣一件事情。

　　淳熙八年（西元一一八一年）三月末，辛棄疾收到辛忠

的消息，他販運牛皮的船隻在江南東路南康軍（今江西廬山市）境內被扣住。辛棄疾知道這是朱熹的管轄範圍，就讓辛忠去找朱熹，請他網開一面。沒想到這一招不管用，那批牛皮還是被沒收了。辛棄疾只好直接寫信給朱熹，說這批牛皮是發往浙東總領所的軍用物資，請他多多關照。朱熹看在他的面子上才放行。後來，朱熹在〈與黃商伯書〉一文記載了這件事情：

> 辛帥之客舟販牛皮過此，掛新江西安撫占牌，以簾幕蒙蔽船窗甚密，而守卒僅三數輩。初不肯令搜檢，既得此物，則持帥印來，云發赴淮東總所。見其不成行徑，已令拘沒入官。昨得辛書，卻云軍中收買。勢不為已甚，當給還之，然亦殊不便也。

在南宋，許多朝廷命官在官俸之外，都多少會從事一些其他買賣增加收入。在這方面，那些皇親國戚做得更明目張膽。辛棄疾娶妻納妾、養育眾多子女，加上交友開銷，單純靠官方的俸祿遠遠不夠。加上他平時出手大方，花費就更多於一般官員。

在南宋的諸多城市，上流社會的人大都會拿出一部分財產投入商業性的經營中。當然，朝廷在表面上是禁止這麼做的，然而，中國人這方面的對策由來已久，人們可以假託家庭或者家族中其他人的名義來做生意，以免影響官位。也有

## 第十章　上饒好去處 湖山仿故鄉

人透過中間代理人，從事此類貿易活動。

有專家指出，在《清明上河圖》裡，在汴河上繁忙往來的船隻，運送的就不是官糧，而是私糧。

因為救災有功，淳熙八年（西元一一八一年）七月，朝廷詔令：「去歲諸路州軍有旱傷去處，其監司守臣修舉荒，民無餓殍，各與除職轉官。既而江西運副錢佃、知興元府張堅、知隆興府辛棄疾等各轉一官。」於是，辛棄疾由宣教郎轉為奉議郎，官階從六品上，仍知隆興府。

朋友們紛紛向他祝賀。這一天，在滕王閣上，一場盛大的酒宴如期舉行，辛棄疾喝得不少，很久沒有如此暢快，遂賦一首〈賀新郎‧賦滕王閣〉：

高閣臨江渚。訪層城，空餘舊跡，黯然懷古。畫棟珠簾當日事，不見朝雲暮雨。但遺意，西山南浦。天宇修眉浮新綠，映悠悠，潭影長如故。空有恨，奈何許。

王郎健筆誇翹楚。到如今，落霞孤鶩，競傳佳句。物換星移知幾度，夢想珠歌翠舞。為徒倚，闌干凝佇。目斷平蕪蒼波晚，快江風，一瞬澄襟暑。誰共飲？有詩侶。

七月二十九日，從浙江婺州傳來噩耗，呂祖謙病逝，終年四十五歲，和去年辭世的張栻都英年早逝，實乃南宋學界的損失。他們的死，也使得人到中年的辛棄疾近切地感受到生命的無常。

這年十一月，辛棄疾又收到新的任命，出任兩浙西路提點刑獄公事。可這次，他還沒有來得及上任，壞消息就接踵而至。

朝中的敵對勢力從來就沒有停止攻擊辛棄疾，有時候風聲稍微鬆一點的時候，不是戰爭偃旗息鼓了，而是陷害者正在羅織罪名。

這一次，他們利用辛棄疾創置湖南飛虎軍的一些事彈劾他，說他「奸貪凶暴，帥湖南日，虐害田里」、「用錢如泥沙，殺人如草芥」，還將他沒有及時聽取樞密院意見停止飛虎軍營建造說成「憑陵上司」，也有人說他施政風格不符合宋朝官場。更為陰險的是，平日裡辛棄疾和舊友們的一些書信和財物往來，也被羅織成了「締結同類」、「方廣賂遺」的罪名。這種種逆流最後匯成一股不可小覷的力量，要求罷免辛棄疾。

皇帝趙昚沒有認真徵詢，便聽信他們的彈劾，下令罷免了辛棄疾所有官職，並削奪了他「右文殿修撰」的貼職。

也許，這是辛棄疾第一次在官場遭遇這麼難熬的困境。

也許，該離開複雜多變、紛爭不斷的官場了。

這一年，辛棄疾四十二歲。

常常是這樣，很多事情出乎意料，也有很多事情卻巧合得猶如天助。

# 第十章　上饒好去處 湖山仿故鄉

　　朝廷對辛棄疾的這次罷免就如同早有預謀一樣，正好在他事先為自己安排好一個相對滿意的去處。

　　早在辛棄疾被大力彈劾前一個多月，也就是淳熙八年（西元一一八一年）十月分，還在隆興知府任上時，辛棄疾就收到一則令他欣喜萬分的消息，那就是上饒郡帶湖的新居已經修建完畢。

　　辛棄疾喜不自勝，寫下一首〈沁園春·帶湖新居將成〉：

　　三徑初成，鶴怨猿驚，稼軒未來。甚雲山自許，平生意氣；衣冠人笑，抵死塵埃。意倦須還，身閒貴早，豈為蓴羹鱸膾哉！秋江上，看驚弦雁避，駭浪船回。

　　東岡更葺茅齋，好都把軒窗臨水開。要小舟行釣，先應種柳；疏籬護竹，莫礙觀梅。秋菊堪餐，春蘭可佩，留待先生手自栽。沉吟久，怕君恩未許，此意徘徊。

　　開頭的「三徑初成，鶴怨猿驚」裡面含有兩個典故。一是「三徑」之說來自於西漢末年，有一個叫蔣詡的人，曾任兗州刺史，以廉直著稱，因不滿王莽專權而辭官，閉門不出，在家門前開闢三條小路，一條自己走，另外兩條讓志趣相投的朋友走，其他人則一概謝絕探訪。後來，人們便用「三徑」來代指隱士的家園。「鶴怨猿驚」則出自南北朝一個叫孔稚珪的人，他曾寫一篇〈北山移文〉，裡面有個假隱士離開隱居的北山去追名逐利，於是，這山上的動物驚訝之餘

也對他有所怨恨。前三句的意思就是，隱居的地方已經蓋好房子，可我卻遲遲未去，那裡的「鶴和猿」都會以為是我貪戀官場的名利。

這樣看，辛棄疾歸隱山林的心意已決。

有時候，一個人和一個地方的相遇，都是緣分。

辛棄疾從淳熙二年（西元一一七五年）開始在贛州做江西提點刑獄，有機會路過上饒，一下子就被這裡的山水給迷住了。豐林秀竹、青山碧水和滾滾流淌的寬闊信江，都深深吸引著他。後來，辛棄疾乾脆讓辛忠替他在帶湖邊物色了一塊地，在這裡修房蓋屋，準備將來告老還鄉後到這裡安度晚年。

現在房子已經蓋好，他的心情一下就輕鬆許多。

上饒古稱饒州、信州，位於今天的江西省東北部，西距南昌五百里，其東連浙江，南挺福建，北接安徽，有「八方通衢」和「豫章第一門戶」之稱。

帶湖位於上饒城北，湖面狹長。這幾年，辛棄疾到過這裡很多次，見其「枕澄湖如寶帶」，遂為之取名為「帶湖」。他還根據帶湖四周的地形地勢，親自設計出「高處建舍，低處闢田」的莊園格局，並對家人說：「人生在勤，當以力田為先。」他把帶湖莊園取名為「稼軒」，並以此自號「稼軒居士」。辛棄疾原先字坦夫，後來改為幼安，現在，他

## 第十章 上饒好去處 湖山仿故鄉

又有了新的號。從此，這個新號「稼軒」便名揚文壇江湖，並見傳於歷史，以至盡人皆知。

本來歸隱山林願望萌生已久，而這次皇帝又突然罷黜他所有的官職。那麼，一切正好，帶湖新居剛成，唯一缺少的就是它的主人。淳熙八年（西元一一八一年）底，辛棄疾來到上饒定居。當時的上饒還是交通要道，據洪邁〈稼軒記〉載：「密邇畿輔，東舟西車，蜂午錯出，勢處便近，士大夫樂寄焉。」

房子是蓋好了，但還有很多事要處理。辛棄疾不單是一名上馬能打仗、提筆能賦詩的文武全才，他應該還是一個園林大家。對於帶湖新居，從〈水調歌頭·盟鷗〉中可知他是這樣設計：

> 帶湖吾甚愛，千丈翠奩開。先生杖屨無事，一日走千回。凡我同盟鷗鳥，今日既盟之後，來往莫相猜。白鶴在何處，嘗試與偕來。
>
> 破青萍，排翠藻，立蒼苔。窺魚笑汝痴計，不解舉吾杯。廢沼荒丘疇昔，明月清風此夜，人世幾歡哀。東岸綠陰少，楊柳更須栽。

辛棄疾是濟南人，大明湖岸邊垂柳成行，濟南城也素有「四面荷花三面柳，一城山色半城湖」的美譽。離開濟南雖已二十多年，但辛棄疾在歸隱田園的選址和山水特點、布局

和草木栽種上，都透露出他對家鄉濟南的思念。既然北方的家鄉無法歸去，那就在秀麗的南國挑選、營造出一個近似家鄉的去處。

　　或許只有在這樣的環境裡，才能沖淡他失落的情緒、消解他內心深處的憤懣。

　　南宋文學家洪邁是一位為政清廉的官吏，和辛棄疾是好友。帶湖新居落成不久，辛棄疾就邀請他前來做客。洪邁著作頗豐，其中最為著名的是《容齋隨筆》，裡面對辛棄疾的帶湖居有詳細的描寫：

> 郡治之北可里所，故有曠土存，三面傳城，前枕澄湖如寶帶，其縱千有二百三十尺，其衡八百有三十尺，截然砥平，可廬以居，而前乎相攸者，皆莫識其處。天作地藏，擇然後予。濟南辛侯幼安最後至，一旦獨得之。既築室百楹，才占地什四。乃荒左偏以立圃，稻田泱泱，居然衍十弓。意他日釋位得歸，必躬耕於是，故憑高作屋下臨之，是為「稼軒」。

　　辛棄疾買下的這塊地，總面積達一百六十餘畝。帶湖四百多公尺長，近三百公尺寬，這裡總共蓋了好幾院落，足足有一百多間房，還修有亭臺水榭，遊廊棧道，其中有八九十畝的空地，被挖成魚池，闢為菜園，低窪處還開出一片稻田。

　　房子大部分都是平房，其中有一座樓，可以登高望遠，

## 第十章　上饒好去處 湖山仿故鄉

辛棄疾將之命名為集山樓，後改為雪樓，登斯樓可遠眺靈山。靈山共有七十二座山峰，主峰海拔一千四百九十六公尺。現代詩人馮雪峰被關押在上饒集中營期間，曾寫下〈靈山歌〉，裡面有這樣的句子：「一連串的高峰直矗到天際，有時它蒙罩在夢一般的雲裡。」

直到淳熙九年（西元一一八二年）中，辛棄疾的這片別墅大宅才竣工，朱熹曾經前來遊玩，「以為耳目所未曾睹」，看樣子應該十分漂亮、豪華壯觀。范采蘋、林落茵和香香、飛卿、田田等另外幾個小妾一起，帶著孩子們陸陸續續來到這裡安居，過著悠閒而富有農家色彩的山林生活。

辛棄疾在任江西提點刑獄公事時，認識了一位叫林落茵的贛州女子，性格活潑，氣質絕佳，琴棋書畫樣樣皆通，兩個人很談得來，互相常有詩詞應和。林落茵深諳辛棄疾內心之悲喜，而此時已經有解甲歸田想法的他，也正需要有年輕美麗的紅顏知己來慰藉。難得的是，林落茵和夫人范采蘋非常談得來，親如姐妹。在朋友的慫恿下，辛棄疾乾脆將林落茵娶進門。

孩子們已漸漸長大，辛積都快二十歲了，辛秬之下，又添了辛稏、辛穮、辛穰、辛穟。辛棄疾子女的名字大都和莊稼、植物有關。「稏」這個字本身就是稻穗搖動或水稻多的樣子，穮是指耕地除草，穰是指穀物成熟，穟是禾穗飽滿的

意思。可以看得出來，辛棄疾心裡以農為本的觀念還十分濃厚。他真心期望著，子女們能像自己一樣，將來無論有什麼官職和名譽加身，都要保持和土地的親近關係，保持好一個農人的純樸本色。

可能連辛棄疾自己都沒有想到，他在這裡一住就是十幾年。帶湖陪伴他中年生命裡極其漫長的一段時光。

在上饒帶湖，辛棄疾也是第一次過這種真正的田園生活。那些日子裡，他吟詩填詞、騎馬練劍、稻田躬耕、喝酒交友，真可謂悠哉。

被上饒的山清水秀吸引而來的，還不只辛棄疾一人。詞人韓元吉，字無咎，號南澗，河南開封人，著有《南澗甲乙稿》、《南澗詩餘》等，存詞八十餘首。他南渡後將家遷到信州，年老退休後居住於此。湯邦彥，字朝美，鎮江人，因出使金國「有辱使命」被貶信州。此外還有陳德明、趙善扛、徐安國、楊民瞻等，都是詩文才華之名士。和他們交往，和他們在詩詞藝術上的切磋和應和，都滋潤著辛棄疾的詩心，使得帶湖成為辛棄疾諸多詩詞名作的誕生地。

天快下雨了，辛棄疾目不轉睛地盯著靈山前的鄉間小路，久久不動，一陣雷聲滾過，終於有雨滴大顆大顆地落下來，激起一小團一小團的土霧。這種場景在辛棄疾筆下醞釀成了一首傳世名作〈西江月·夜行黃沙道中〉：

## 第十章　上饒好去處 湖山仿故鄉

明月別枝驚鵲，清風半夜鳴蟬。稻花香裡說豐年。聽取蛙聲一片。

七八個星天外，兩三點雨山前。舊時茅店社林邊。路轉溪橋忽見。

秋天就要來了，荷花已經盛開好幾個月，蓮蓬和大豆都已經成熟，一家人在屋前休閒、玩樂。聽到南方女子溫柔的聲音傳來，辛棄疾放下手中的書，抬頭看去，有人結伴從田壟間經過。再看幾個孩子，各忙各的事情，各有各的姿態，〈清平樂・村居〉中正是悠然自得的世外桃源一景：

茅簷低小，溪上青青草。醉裡吳音相媚好，白髮誰家翁媼？

大兒鋤豆溪東，中兒正織雞籠。最喜小兒無賴，溪頭臥剝蓮蓬。

這樣的日子裡，辛棄疾才有時間去深刻地回味和感悟人生的變幻。從少年之志到中年之愁，從個人之怨到國家之傷，從失去故國河山的切膚之痛到無法言說的茫然悲涼，都在辛棄疾的詩作中得到貌似隨意、實則徹入骨髓的展現，並在〈醜奴兒・書博山道中壁〉中道出人生不同階段裡幾近永恆的內在本質：

少年不識愁滋味，愛上層樓。愛上層樓，為賦新詞強說愁。

而今識盡愁滋味，欲說還休。欲說還休，卻道天涼好個秋。

從聚義山林到策馬南歸，從胸懷大志到為官益民，從經世遠略到宦海困頓，直到不得已歸隱田園，辛棄疾已經能夠坦然接受朝廷任何的褒貶與任免。或者說，在殘酷的現實面前，他也只能盡力保持一種看破紅塵、融入自然的愉悅，正如〈鷓鴣天·博山寺作〉所說：

不向長安路上行，卻教山寺厭逢迎。味無味處求吾樂，材不材間過此生。

寧作我，豈其卿，人間走遍卻歸耕。一松一竹真朋友，山鳥山花好弟兄。

白天可以訪友問親，悠遊自在，可分裂的山河日益無望彌合，丟失的故土仍然看不到收復的希望，一旦到夜深人靜、獨處冥思之時，他那顆不願平庸、不甘凡俗的雄強之心，還會怦然搏動，以至流淚流血，只有「今朝有酒今朝醉」的姿態才能使之暫時釋懷，且看這首〈醜奴兒〉：

近來愁似天來大，誰解相憐？誰解相憐，又把愁來做個天。

都將今古無窮事，放在愁邊。放在愁邊，卻自移家向酒泉。

## 第十章　上饒好去處 湖山仿故鄉

　　淳熙十二年（西元一一八五年）前後，辛棄疾再次從上饒鉛山縣經過，在這裡偶然發現一眼奇妙無比的泉水。

　　鉛山在上饒的西南方向，大約有八十里遠。鉛山地理位置優越，山清水秀，交通發達，位於閩贛交界處，其境內的武夷山脈主峰海拔兩千一百六十公尺，為中國東南第一峰，素有「華東屋脊」、「千峰之首」的稱號。

　　鉛山奇師渡所在的瓜山腳下有從半山腰淌下的泉水，流經一塊寬闊的方石，石頭上正好緊挨著有兩個凹陷，一個像臼，一個像瓢，泉水先注入臼，再流到瓢裡，泉水清澈甘甜。每當風靜天晴，瓢泉的一汪清水倒映著山上修長的竹林和山色，有時候，白雲也從那泉水中緩緩飄過，幻美之極。

　　辛棄疾掩飾不住內心的激動，很快就買下了這眼泉和周邊的一大塊地。高興之餘，辛棄疾還專門賦一首〈洞仙歌‧訪泉於奇師村，得周氏泉，為賦〉：

　　飛流萬壑，共千岩爭秀。辜負平生弄泉手。嘆輕衫短帽，幾許紅塵，還自喜，濯髮滄浪依舊。

　　人生行樂耳，身後虛名，何似生前一杯酒！便此地結吾廬，待學淵明，更手種，門前五柳。且歸去，父老約重來；問如此青山，定重來否？

　　結尾一句雖然是疑問句，但實際上從看到瓢泉的第一眼起，辛棄疾就已經下定決心要重回這裡，徹底做一名嶄新的

五柳先生。

在濟南出生的辛棄疾本來就是一個痴迷的「弄泉手」，只是這些年不得不懷著理想在宦海奔波、沉浮，沾惹上不少世俗塵泥，現在該是好好洗濯的時候了。

奇師渡又稱奇獅渡，是瓜山腳下的一個古老渡口，蘆河從這裡淌過。除了瓜山，附近還有奇獅山、女城山等。後來，辛棄疾又根據《荀子》的記載，考證出此地就是古時的弋陽期思縣，於是，他便將這個地方改名為期思，渡口也改為期思渡。

辛棄疾買下這塊地後，先建了一棟別墅，作為來往小憩之所。在那以後他經常與朋友從上饒過來，汲泉飲茶，酌酒寫詩，十分愜意，這些快樂也都反映在他的詩作中。這眼泉原來叫周氏泉，辛棄疾專門將它改為瓢泉。

《論語‧雍也》中有：「一簞食，一瓢飲，在陋巷，人不堪其憂，回也不改其樂。賢哉，回也！」況且，那泉又和瓢極為神似，「瓢泉」大概即由此而來。有〈水龍吟‧題瓢泉〉為證：

稼軒何必長貧，放泉檐外瓊珠瀉。樂天知命，古來誰會，行藏用舍？人不堪憂，一瓢自樂，賢哉回也。料當年曾問：飯疏飲水，何為是，棲棲者。

且對浮雲山上，莫匆匆去流山下。蒼顏照影，故應零落，

## 第十章　上饒好去處 湖山仿故鄉

輕裘肥馬。繞齒冰霜，滿懷芳乳，先生飲罷。笑掛瓢風樹，
一鳴渠碎，問何如啞。

　　如果說帶湖的波光水影為辛棄疾帶來詩詞創作的豐富素
材，那麼，發現瓢泉並愛上它則使辛棄疾的創作靈感如泉噴
湧，源源不斷。在帶湖隱居的那些年，辛棄疾一心耽溺於詩
詞藝術迷宮，縱橫捭闔，上下摸索，苦心研寫，佳作迭出，
留下了眾多傑出的經典詩詞。

　　淳熙十五年（西元一一八八年），辛棄疾四十九歲。正
月裡還有一件喜事，他的第一本詞集《稼軒詞甲集》由學生
范開編定印行，一時間傳遍大江南北。

　　一個勵精圖治、決意北伐的志士從南宋的官場遁世隱
去；而一個名垂千古的偉大詞人卻厚積薄發，橫空出世。

# 第十一章
## 高山流水遇 挑燈看劍亮

## 第十一章　高山流水遇 挑燈看劍亮

　　自南渡以來，倏忽已過近三十年光陰，從宦海浮沉到落定山野田園，從大願深藏到官場恪盡職守，從我行我素到諳熟人情世故，從行俠仗義到結交文朋詩友，辛棄疾可謂經歷豐富。

　　在他交往的人當中，「往來無白丁」自不待言，而在那些「談笑有鴻儒」中，既有權傾一方的朝廷大員，也有學富五車的翩翩學者，更有志向相近的主戰派和同氣相求的詩人，其中，最讓辛棄疾傾心而引為知己的還是陳亮。

　　自從淳熙五年（西元一一七八年）辛棄疾在朝中任大理寺少卿時和陳亮相識，兩人每次見面都十分投機。然而，這些年宦途奔忙，歷經跌宕，他和陳亮已經多年未曾謀面。作為一個時代奇才和命中注定的叛逆者，陳亮這些年來更是屢遭困頓，命運不濟，常常為世人所不容。每次一有他負面的消息傳來，都讓辛棄疾為之心焦，扼腕嘆息。與此同時，辛棄疾對陳亮的想念之情也日趨強烈。

　　淳熙十五年（西元一一八八年）冬日，辛棄疾在鉛山期思別墅小住。這天，他用過早膳，來到二樓登高望遠。竹林仍綠，山色清新，空氣冷冽，天空仍飄著淅瀝的小雨。連著幾天的雨水使山溪水量大增，在期思渡口，蘆河水已漫過橋面，急流沖擊著橋墩，激起一兩公尺高的浪花。

　　這時候，他看見遠處漸漸出現一個騎者，經過泥濘的山

間道路，向期思渡而行。一匹棗紅色的駿馬馱著來人離開官道，轉上往瓢泉來的小道。

遠遠看去，騎者一身素衣打扮，身材頎長，腰間掛著一把長劍。雨下得越來越大，騎馬人很快就到了橋前。但那匹馬面對水流翻捲的橋面，猶豫著不敢向前邁步。騎者先是抖動韁繩，用力往上引領著馬頭，想讓它一躍而起，跳過橋面積水。幾次都失敗後，騎者只得又用韁繩用力抽打馬身，想讓它趕緊淌水過橋。那匹馬就像中邪一樣，踟躕著踏上小橋，一碰到冰冷的河水便又退回去，不停地踢踏著四蹄。就這麼幾次三番，馬背上的騎者有些焦躁，卻終於沒能如願過橋。

那騎者躍身下馬，快步跨上橋面，幾步就來到河的另一邊。再看那來人的身量和面目，辛棄疾心裡一陣怦動，趕緊轉身下樓。

是陳亮來看他了。

在短暫的人生旅途中，所有的過往如飄渺的雲煙，使人難以把握，友情也是如此。

十年前發生在臨安的很多事情，此刻一幕一幕從辛棄疾眼前閃過，如在昨日。

陳亮連續三次向皇帝上書，痛批以秦檜為代表的投降派和朝中權臣，點名道姓，直言不諱，犀利尖銳，得罪了一大

## 第十一章　高山流水遇 挑燈看劍亮

批人，招致打擊報復。剛回到老家金華不久，就有人控告他，結果他被刑部以「言涉犯上」罪拘捕，施以酷刑，「笞亮無完膚」。孝宗皇帝得知此事，趕緊下詔，陳亮才僥倖逃過一劫。當他再次回鄉後，又發生家僮殺人案件，仇家遂控告是陳亮指使，結果他和父親一起被下大獄。後因丞相王淮和好友辛棄疾等人從中斡旋，陳亮才又得免死。

雖然兩次入獄，加上權臣的不斷打擊，但這並沒有使陳亮有絲毫的屈服和懼怕。與此同時，隨著時間推移，他秉性如初，恢復中原之志反而愈來愈堅定。淳熙十五年（西元一八八年）中，陳亮還專門到建康、鎮江等地觀察地形。他登上鎮江北固山上的甘露寺，心潮翻湧，遂寫下〈念奴嬌‧登多景樓〉：

危樓還望，嘆此意，今古幾人曾會？鬼設神施，渾認作，天限南疆北界。一水橫陳，連崗三面，做出爭雄勢。六朝何事，只成門戶私計。

因笑王謝諸人，登高懷遠，也學英雄淚。憑卻長江，管不到，河洛腥羶無際。正好長驅，不須反顧，尋取中流誓。小兒破賊，勢成寧問強對！

陳亮主張不要把長江僅僅當成阻隔南北國界的屏障，而應該把它作為北伐中原、收復失地的起點，選定時機，渡越大江，長驅直入，徹雪國恥。

同樣一個地方，同樣一種心情，同樣是透過詩歌盡情抒發。陳亮寫下這首詞時沒有想到，十七年以後，辛棄疾也來到這裡，吟出一首名垂青史的〈永遇樂·京口北固亭懷古〉。

　　在陳亮境遇落魄時，很多人和他斷絕來往，辛棄疾卻仍常去函安慰並賦詩相贈。陳亮面臨牢獄之災，又是辛棄疾疏通關係從中斡旋，竭力挽救。這一切，都在陳亮的內心深藏。

　　在陳亮眼裡，辛棄疾這樣的文武全才並決意北伐的志士，正是他難得的摯友。牢獄困厄，朝廷冷落，眾人排擠，種種挫折與疏離，使得陳亮每每想起多年未見的辛公，都感覺有滿腔的熱情要表達。

　　於是，陳亮跨上駿馬，風餐露宿，日夜兼程，直奔江西鉛山而來。

　　舊友相見，免不了忘我交談，開懷暢飲，針砭時弊，議論朝廷。辛棄疾少年英武，早早經歷了戎馬生涯，雖經歷官場起伏但性情未變。陳亮從出道就天馬行空，特立獨行，雖身經磨難卻銳志不減當年。這樣兩個人聚到一起，傾訴起多年未晤之感慨，抒發出胸中無處言說之塊壘，責怪起朝廷的無能，其用詞之尖苛，其氣氛之熱烈，可想而知。

　　對酒當歌，直到大醉方休，一夜無話。第二天一早起來，兩個人來到鉛山縣的鵝湖書院，靜候另一個朋友的到來。

## 第十一章　高山流水遇 挑燈看劍亮

　　原來，陳亮這次來看辛棄疾，還有一個願望，就是希望辛棄疾能和他一起去鉛山的鵝湖書院見朱熹。而且，來之前，他已經和朱熹透過書信約好了相會的日期和地點。

　　多年前，辛棄疾任建康通判時，曾經在呂祖謙的陪伴下與朱熹見過面，只是之後沒有更多的交流。後來，辛棄疾在湖南任上，還專門因辛忠的貨物被扣一事給寫信給朱熹，請他關照放行。而現在，經過這麼多年，朱熹已經成為理學大家，其聲名遠播海內，辛棄疾也很想利用這次機會，向他當面請教一些問題。

　　山不在高，有仙則名。這句話用來形容鵝湖山再貼切不過。鵝湖山海拔六百九十公尺，坐落於江西鉛山縣永平鎮北十五里處。

　　鵝湖山原名荷湖山，說是山上原有一湖，多生荷，夏日荷花盛開十分好看，故名荷湖。後又傳山上一戶人家畜有紅鵝一對，常年在荷湖裡覓食嬉水，有一天騰空而去，再沒復返，人們謂之仙鵝升天，鵝湖之名因此而生。山下的鵝湖寺創建於唐代大曆年間（西元七六六至七七九年），初名仁壽院，後改稱鵝湖寺。

　　辛棄疾第一次到鵝湖，是淳熙十三年（西元一一八六年）春天的四月，那時節田地剛剛翻耕，一場雨過後，林邊草地上一片新綠，到處開放著薺菜花、苦菜花，樹林和山體

都變得清新無比，牛舍裡的水牛叫著，一名穿著黑裙白衣的女子從田間小路上走過，他的腦海裡立即浮現蘇軾的詩句：「青裙縞袂於潛女，兩足如霜不穿屨。觿沙鬢髮絲穿杼，蓬沓障前走風雨。」

那一次，辛棄疾特別高興，喝得大醉，就在牆壁上題下〈鷓鴣天·遊鵝湖，醉書酒家壁〉：

春入平原薺菜花，新耕雨後落群鴉。多情白髮春無奈，晚日青簾酒易賒。

閒意態，細生涯，牛欄西畔有桑麻。青裙縞袂誰家女，去趁蠶生看外家。

另外一位後來的南宋詩人喻良能也曾經專門有詩〈鵝湖寺〉：

長松夾道搖蒼煙，十里絕如靈隱前。
不見素鵝青嶂裡，空餘碧水白雲邊。
氛埃乍脫三千界，瀟灑疑通十九泉。
五月人間正炎熱，清涼一覺北窗眠。

可見，在詩人眼裡，鵝湖寺隱約間有杭州靈隱寺的幽深和隱祕。而正是這樣一處世外桃源之地，在熱心人的聯絡下，吸引來了幾位理學大儒。

一位是朱熹。朱熹字元晦，又字仲晦，號晦庵，晚稱晦翁，祖籍徽州府婺源縣（今江西婺源），南宋著名理學家與

# 第十一章　高山流水遇 挑燈看劍亮

詩人，閩學派代表人物，儒學集大成者。他著述甚多，有《四書章句集注》、《太極圖說解》、《通書解說》、《周易讀本》、《楚辭集注》等，其中《四書章句集注》成為歷代欽定的教科書和科舉考試標準。朱熹強調「格物致知」，即推究事物的原理，從而獲得知識。他主張多讀書，多觀察事物，根據經驗加以分析、綜合與歸納，然後得出結論。他認為心與理是兩個不同的概念，理是本體，心是認識的主體。

另一位是陸九淵。陸九淵字子靜，撫州金溪（今江西省金溪縣）人，南宋哲學家，又因講學於貴溪象山書院，被稱為「象山先生」或「陸象山」，為宋代「心學」的開山之祖，與朱熹齊名。主「心（我）即理」說，言「宇宙便是吾心，吾心即是宇宙」，「學苟知本，六經皆我注腳」。他和哥哥陸九齡都從「心即理」出發，認為格物就是體認本心。主張「發明本心」，心明則萬事萬物的道理自然貫通，不必多讀書，也不必忙於考察外界事物，尊德性、養心神是最重要的。他們認為心與理是一回事，堅持以心來統貫主體與客體。

同為南宋理學家的呂祖謙，出於調和朱陸之間的不同，以使他們能「兼取其長」，特意組織了一場朱熹和陸氏兄弟面對面的商榷。淳熙二年（西元一一七五年）五月，在呂祖謙主持下，舉辦了中國古代思想史上第一次著名的哲學辯論會，史稱「鵝湖之會」。

可以想像當時的動人畫面，四位大儒坐在一起開始辯論，舌粲蓮花，引經據典，彼此滔滔不絕，互相詰問設疑，不時相與激辯，談到興濃處甚至吟唱和詩。據說，當時有不少當地的文人名流前往圍觀。這場曠世的辯論會一連進行了三天，最後算是平手，誰也沒有說服誰。儘管如此，但雙方透過這次辯論大會對他方的思想及其間的分歧有新的認知，也會反觀自身，並有所吸納與調整。

辯論過後，朱熹返回武夷山中的武夷精舍，途徑一道山嶺時，他心情十分愉快，寫下了一首〈題分水關〉：

地勢無南北，水流有西東。
欲識分時異，應知合處同。

這首詩算是對這次哲學辯論會發表心得，也表示出雙方有些殊途同歸的意味。

但是，時隔十多年之後的這個冬天，陳亮和辛棄疾在鵝湖寺苦苦等待，卻沒有等到這位本已答應前來的大儒，兩個人都有些失望。但後來他們才知道，朱熹因為有事纏身才未能赴約。

三個人的聚會肯定熱鬧，但兩個人的交流也許更加深刻、投入。

此後，一連十幾天，陳亮就住在辛棄疾的期思別墅裡，兩人或登山遠眺，或泛舟漂流，或吟誦佳作，或在汩汩作響

## 第十一章　高山流水遇 挑燈看劍亮

的瓢泉旁推杯換盞，不亦樂乎。

　　一名當地的畫家來為辛棄疾畫像，等到畫像完成，陳亮提筆寫下〈畫像贊〉，為辛棄疾不被朝廷重用鳴不平：

　　眼光有稜，足以照映一世之豪；背胛有負，足以荷載四國之重。出其毫末，幡然震動。不知鬚鬢之既斑，庶幾膽力之無恐。呼而來，麾而去，無所逃天地之間；撓弗濁，澄弗清，豈自為將相之種！故曰：真鼠枉用，真虎可以不用，而用也者，所以為天寵也。

　　陳亮的字裡行間表達出對猛虎之才被放逐鄉野的深切遺憾，既是對好友的慰藉，也透露出對自身際遇的惋惜。所謂惺惺相惜，同聲相求，不過如此。

　　美好的時刻總是短暫，很快就到了兩人告別的時候。

　　分手的頭一天，兩個人又一次喝得酩酊大醉。第二天一早，陳亮早早起來，不辭而去。

　　大醉過後，如經歷一場大病。辛棄疾渾身痠軟，坐在樓上望向窗外。赫然間，那天風雨交加時，陳亮踏水而來的情形浮現眼前。辛棄疾心中一驚。

　　他快馬加鞭，一直追了很遠，來到鷺鷀林的時候，天色向晚，一場大雪飄然而至，無法繼續前行，他只得就近到泉湖四望樓客棧投宿。

　　望著雪中泥濘不堪的道路，思慮著前途未卜的摯友，聽

著使人心碎的孤絕笛音，一陣徹骨的悲涼襲上心頭，遂作了〈賀新郎〉：

把酒長亭說。看淵明，風流酷似，臥龍諸葛。何處飛來林間鵲，蹙踏松梢微雪。要破帽，多添華髮。剩水殘山無態度，被疏梅，料理成風月。兩三雁，也蕭瑟。

佳人重約還輕別。悵清江，天寒不渡，水深冰合。路斷車輪生四角，此地行人銷骨。問誰使君未愁絕？鑄就而今相思錯，料當初，費盡人間鐵。長夜笛，莫吹裂。

五天後，陳亮在家鄉獲悉辛棄疾又作新詞，便來信索要，隨即便依韻和得一首〈賀新郎·寄辛幼安，和見懷韻〉：

老去憑誰說？看幾番，神奇臭腐，夏裘冬葛。父老長安今餘幾？後死無仇可雪。猶未燥，當時生髮。二十五弦多少恨，算世間，哪有平分月。胡婦弄，漢宮瑟。

樹猶如此堪重別！只使君，從來與我，話頭多合。行矣置之無足問，誰換妍皮癡骨？但莫使，伯牙弦絕！九轉丹砂牢拾取，管精金只是尋常鐵。龍共虎，應聲裂。

詩歌創作有諸多神奇之處，其中一點就是有時你投入很大精力所寫就的作品，倒不如哪一天興之所至、信手拈來的藝術成就，而那些情之所至、感而為詩的作品中，說不定哪一篇就成了名作。因為，和別的文體截然不同，詩歌是靈感的產物。

這樣的意外之喜，再次出現在辛棄疾筆下。

## 第十一章　高山流水遇 挑燈看劍亮

收到陳亮的作品後，辛棄疾又填寫〈賀新郎‧甚矣吾衰矣〉作為回贈，裡面就出現了人們耳熟能詳的「我見青山多嫵媚，料青山見我應如是」：

甚矣吾衰矣！悵平生，交遊零落，只今餘幾？白髮空垂三千丈，一笑人間萬事。問何物，能令公喜？我見青山多嫵媚，料青山見我應如是。情與貌，略相似。

一尊搔首東窗裡。想淵明停雲詩就，此時風味。江左沉酣求名者，豈識濁醪妙理！回首叫，雲飛風起。不恨古人吾不見，恨古人不見吾狂耳。知我者，二三子。

兩位詩人就像是兩座清新峭拔的青山，互相看見對方，看見對方的美好，看見對方的遠大抱負。

沒想到的是，辛棄疾一再擔心的事還是發生了。

這一次回到臨安，陳亮還是按捺不住，再次上疏皇帝，建議「由太子監軍，駐節建康，以示天下銳意恢復」，結果又一次觸怒官僚，許多人紛紛欲置之於死地。等他回到金華，一次宴會上，有人在他的湯碗中下藥，同座的人猝死，陳亮雖躲過一劫，卻因此再吃官司，被下大理寺獄。後經友人在皇帝面前求情，才又脫身。

那一段時間，只要喝得稍微多一點，辛棄疾就會想起陳亮。對他而言，朋友很多，有的也能生死相託，但是像陳亮這樣志趣相投、才華相近，同時還都執著於收復中原的至

交，便少之又少了。兩個人每次在一起，都有電光火石般的激情碰撞，談到高興處恨不得手舞足蹈。只可惜時空阻隔，各自一方，不能經常切磋。然而在這樣的友情之間，思念與詩情的迸發有時就會猝然降臨。

一天夜晚，辛棄疾酩酊大醉，他又想起了陳亮，再聯想到自己多年的官場際遇和未竟的北伐事業，不禁心潮澎湃，他從書房牆上取下棠溪寶劍，明亮的劍光晃得他一個顫慄。

朦朦朧朧中，他似乎回到了年輕時的疆場，彷彿回到了當年的起義軍大營中的遍地狼煙，千軍萬馬奔騰不息，耳邊呼嘯而過眾人的怒吼聲、戰馬的嘶鳴聲，還有獵獵的風聲。，他的悲憤和痛苦，他的昂揚與激情，都凝聚在那把寶劍之上。

最後，他內心鬱積已久的如岩漿般的情緒，都隨著那把劍的飛揚揮舞，化作一聲震天動地的吶喊，傳入瓢泉上方的茫茫夜色。

就在那晚，他放下寶劍，提筆在手，寫下了這首傳世名作〈破陣子·為陳同甫賦壯詞以寄之〉：

醉裡挑燈看劍，夢迴吹角連營。八百里分麾下炙，五十弦翻塞外聲，沙場秋點兵。

馬作的盧飛快，弓如霹靂弦驚。了卻君王天下事，贏得生前身後名。可憐白髮生！

## 第十一章　高山流水遇 挑燈看劍亮

　　淳熙十五年（西元一一八八年）之後，辛棄疾兩次出山做官，後又被罷免。詩人的心漸漸冷如死灰。而他內心深處那不變的故國情，就像是一支搭在滿弓上的箭矢，一次次射出後，又一次次下沉落地。能夠陪伴並安慰他身心的，大概只有滿腹的豪情和無邊濃郁的詩意。

# 第十二章
## 心意通大儒 世事總無常

# 第十二章　心意通大儒 世事總無常

淳熙十六年（西元一一八九年），做了二十七年皇帝的宋孝宗趙昚禪位給兒子趙惇，是為宋光宗。兩年前，活到八十一歲的宋高宗趙構去世。而現在，宋孝宗也學起自己的父親趙構過起太上皇的日子。和宋孝宗相比，宋光宗的才德都遜色不少。雖然在繼位之初，他也曾擺出一副革故創新的姿態，但很快就聽信讒言荒廢朝政。除南宋末年那兩個未成年的小皇帝外，趙惇不光成為南宋九個皇帝裡差不多最平庸的一位，甚至還鬧出不少笑話。

新皇帝登基總要有一些新的氣象。因為兵部尚書趙汝愚的推薦，紹熙二年（西元一一九一年）冬天，已經五十二歲的辛棄疾被朝廷任命為福建路提點刑獄公事兼代福建路安撫使。知道這個消息後，辛棄疾先告訴朱熹。朱熹聽聞後很高興，馬上寫了一封賀信：「卓犖奇才，疏通遠識。經綸事業，有股肱王室之心；遊戲文章，亦膾炙士林之口。」

幾年前，辛棄疾和陳亮在鵝湖寺沒有等到朱熹，這一次正好可以順便去看望一下他。第二年春天，辛棄疾藉赴福州上任的機會，到武夷精舍拜訪朱熹。

朱熹熱情地接待他，並陪他盡情遊覽武夷山各處奇峰妙水。辛棄疾興致極高，竟然興奮得一口氣寫了十首七絕。

朱熹非常了解辛棄疾的為人和作風，臨分手時，他語重心長地贈給辛棄疾三句話：「臨民以寬，待士以禮，御吏以嚴。」

辛棄疾來到福州任上，立即著手整頓公務。這一段期間他主要做了三件事。

　　福州位於中國東南沿海，大部分地區疏於管理，以往幾屆官員往往手段柔弱，奏效甚微。辛棄疾這次到來，一來有朱熹的臨行囑咐，二來「嚴苛」本就是他的強項，所以，他得以再次大顯身手。

　　首先，他將一批已經抓獲的江洋大盜和惡霸豪強全部處刑，殺雞儆猴，福建路的治安風氣馬上為之一變。

　　其次，就是在福州切實推行「經界」。所謂經界，簡言之就是田地的分界。《孟子·滕文公上》曰：「夫仁政必自經界始，經界不正，井地不均，穀祿不平。」「經界」就是要界定好土地產權，降低百姓負擔。這就是「臨民以寬」的政治主張。當時的福建，大部分土地都集中在一些地主豪強手中，他們卻享受著免稅、免役等特權，相比之下，平民百姓卻辛勤勞役，度日如年，苦不堪言。辛棄疾推行「經界」，直接觸及豪強地主的利益，遭到他們的強烈反對。

　　最後就是推行「鹽法」。福建食鹽的價格高、品質差，私鹽販子活躍，從中賺取厚利，百姓怨聲載道。辛棄疾深入調查，寫成〈論經界鈔鹽劄子〉上奏朝廷。朝廷雖然很快批覆下來，但時任丞相留正等人，已經開始充當那些豪強惡霸的宮廷代言人，對辛棄疾極盡誣陷與攻擊。

## 第十二章　心意通大儒 世事總無常

　　紹熙四年（西元一一九三年）二月初，宋光宗在杭州召見辛棄疾，這還是辛棄疾第一次見到光宗皇帝。辛棄疾看到的光宗皇帝面色憔悴，說話有氣無力。談話中，皇帝裝模作樣地問到關於南宋與金國之間的戰爭與防守事宜，但辛棄疾能明顯感覺到，皇帝只是象徵性地走過場，並非真正感興趣。

　　親眼見過光宗皇帝後，本來就沒抱多大希望的辛棄疾就更加失望了。

　　不久，辛棄疾受命為太府卿，入京履職。要說這太府卿官職也不低，從五品上，但卻沒什麼實權，只負責主管庫藏、商稅等事。半年後，辛棄疾又以朝散大夫加集英殿修撰的身分知福州，兼福建安撫使。

　　再次來到福州任職的辛棄疾，還是一廂情願地認為，可以大力推行自己原來設想並論證已久的「經界」和「鈔鹽法」。但事實的殘酷還是超出他的想像。不光朝廷裡有人反對，在福建官場上，大量的官吏也都因自身利益糾纏其中。這些人能夠知道朝廷的風吹草動，也能夠及時了解皇上的態度，對辛棄疾便是說一套做一套，並不真正推行土地所有權清查和鈔鹽工作。此時，朝中的反對派趁機煽風點火，致使辛棄疾很多改革都半途而廢。

　　辛棄疾有些心灰意冷，不再想流連於無為的官場。於是，他向皇帝遞交了辭呈。但皇帝沒有允許，他也就只好繼

續待在任上，盡力做著分內的事情。

工作之餘，辛棄疾還是遊覽福州山水、賦詩填詞。也許只有在大自然的懷抱裡，他才能徹底放鬆自己。他十分喜歡福州的西湖，並高興地稱之為「小西湖」，為它一連寫了四首詞。

就在辛棄疾無心留戀官場時，家裡還發生了一件令人不快的事情。

知道辛棄疾有歸隱田園的想法後，已經三十多歲的大兒子辛穮寫給辛棄疾一封信，大意是，希望父親考慮能在現在的職位上多做幾年，好留給後代一些產業。

辛棄疾看後十分生氣，大罵幾聲「不肖子孫」後，隨即寫下〈最高樓〉一詞來回應和教育兒子：

吾衰矣，須富貴何時？富貴是危機。暫忘設醴抽身去，未曾得米棄官歸。穆先生，陶縣令，是吾師。

待葺個園兒名佚老，更作個亭兒名亦好。閒飲酒，醉吟詩。千年田換八百主，一人口插幾張匙？便休休，更說甚，是和非。

作為辛棄疾的兒子，辛穮有那樣的想法也可以理解。只不過對辛棄疾而言，多年的宦海沉浮早已使他心死，越是臨近晚年，這種失意就越是清晰、強烈。但與此同時，在他內心深處似乎總還是有些不解和不甘。

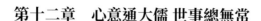

## 第十二章　心意通大儒 世事總無常

這年還發生了一件事，那就是命運多舛的好友陳亮終於時來運轉。之前，他多次參加科舉考試都名落孫山，但這一次，已經五十一歲的陳亮參加科考時，居然被皇帝看中，將他圈點為狀元。

按照慣例，陳亮寫給光宗皇帝一首〈及第謝恩和御賜詩韻〉：

雲漢昭回倬錦章，爛然衣被九天光。
已將德雨平分布，更把仁風與奉揚。
治道修明當正寧，皇威震疊到遐方。
復仇自是平生志，勿謂儒臣鬢髮蒼。

隨後，陳亮被任命為建康軍節度判官廳公事。然而，對於陳亮而言，這個狀元頭銜和官場任命都來得太晚了。這些年來，殘酷的命運折磨、激烈的精神燃燒，已經將他的生命之火消耗殆盡，再也沒有多餘的精神來承擔這姍姍來遲的榮耀與權力。

轉過年來不久，春天還沒有結束，陳亮還沒上任，就在一天夜裡悄然辭世。

世事無常，真是讓人唏噓。如果陳亮知道自己的生命會這樣落幕，不知道他還會不會像過去那樣桀驁不馴地飛度歲月。

陳亮死後，辛棄疾寫下一篇痛心疾首的〈祭陳同父文〉：

……智略橫生，議論風凜。使之早遇，豈愧衡伊。行年五十，猶一布衣。間以才豪，跌宕四出……中更險困，如履冰崖，人皆欲殺，我獨憐才……蓋至是而世未知同父者，益信為天下之偉人矣……閩浙相望，音問未絕，子胡一病，遽與我決！嗚呼同父，而止是耶？而今而後，欲與同父憩鵝湖之清陰，酌瓢泉而共飲，長歌相答，極論世事，可復得耶！

「人皆欲殺，我獨憐才」，的確說出了辛棄疾對陳亮的真情實感與評價。

這一年還發生了一件大事，那就是南宋被迫又迎來一次情不得已的改朝換代。

紹熙五年（西元一一九四年）六月，宋孝宗去世。當年宋高宗去世兩年後，宋孝宗模仿先皇將皇位禪讓給宋光宗。現在宋孝宗駕崩，按照前例，宋光宗應該考慮立太子並讓位給後人。但這位皇帝既拒絕主持太上皇宋孝宗的葬禮，又不願明確立下太子，再加上他之前一連串對太上皇的不恭敬之舉，引起朝廷上下極度不滿。

七月五日，知樞密院事趙汝愚與韓侂冑在太皇太后的支持下，瞞著宋光宗趙惇，為他的兒子趙擴披上黃袍，將生米煮成熟飯，這就是宋寧宗的誕生。新皇帝一邊哭鬧著不敢登上皇帝的寶座，而另一邊的宋光宗卻還毫不知情。直到第二天，新皇帝在韓侂冑陪同下來向老皇帝問安，宋光宗趙惇才知道實情，便不再說話了。

## 第十二章　心意通大儒 世事總無常

　　本來就多少有些畸形的南宋朝廷，就在這樣十分類似於唱戲的橋段中，完成了它最重要的一次皇權轉換。回首往事，宋光宗前後只做了五年皇帝，就「被」禪位了。

　　寧宗繼位不久，朝廷中對辛棄疾不滿的權貴勢力又合成一處，趁著新皇帝還沒有完全掌握情況，就開始大肆誣陷，並羅織諸如濫殺無辜、貪贓枉法及私設金庫等罪名。新皇帝輕易聽信了這些誣告，罷免辛棄疾，只留下一個主管建寧府武夷山沖佑觀的虛職。

　　對於退意日濃的辛棄疾來說，官職被免雖不是求之盼之，但總有些順其自然的意思。

　　辛棄疾很快就回到上饒，在他的帶湖莊園裡盡情享受著田園生活。雖說不上如夢如仙，起碼也是絲竹裊裊，歌舞昇平，盡享家庭與詩詞之樂。

　　南宋慶元元年（西元一一九五年）春，鉛山瓢泉的莊園終於建成，辛棄疾高興地立即賦了一首〈浣溪沙·瓢泉偶作〉：

新葺茅檐次第成，青山恰對小窗橫。去年曾共燕經營。
病怯杯盤甘止酒，老依香火苦翻經。夜來依舊管弦聲。

　　和變化莫測的官場相比，帶湖和瓢泉都是無憂無慮之地，但是，隨著年齡漸加，人生的另一種蒼涼遂接踵而至。

　　可能是老天爺看到辛棄疾在帶湖擁有這樣的好山好水好莊園，整日過著無憂無慮的田園生活，多少有點羨慕，才會

從中介入。

慶元二年（西元一一九六年）六月，不知道出於什麼原因，辛棄疾苦心經營的帶湖居所，居然在夜間燃起一場大火。慌亂之中，辛棄疾帶著家人、僕役和丫鬟，拿著鐵桶、木桶和瓢盆，直接從帶湖中取水滅火。但無奈火勢太大，又加上那夜狂風大作，根本無濟於事。最後，人們只能望火興嘆，眼睜睜看著這一座詩情畫意的園林別墅付之一炬。

大火之後，辛棄疾的心境黯淡至極，接著就生下一場大病，連最喜歡的酒都不能喝了。

這場大火一下子燒掉了他多年的心血與積蓄，只留下一片人生的荒蕪，連伶人都養不起，只能讓她們各自回家。

養病期間，辛棄疾帶著自嘲的心情寫下一首〈水調歌頭·將遷新居不成，有感戲作〉：

我亦卜居者，歲晚望三閭。昂昂千里，泛泛不作水中鳧。好在書攜一束，莫問家徒四壁，往日置錐無。借車載家具，家具少於車。

舞烏有，歌亡是，飲子虛。二三子者愛我，此外故人疏。幽事欲論誰共，白鶴飛來似可，忽去復何如？眾鳥欣有托，吾亦愛吾廬。

帶湖已經變得殘破不堪，石頭變黑，湖水被汙染，樹林和苗木都化為灰燼。與其費時重新修建，倒不如在別的地方

## 第十二章　心意通大儒 世事總無常

另起爐灶。再說，帶湖的房屋規模不小，完全重建也沒有那麼大的財力。而鉛山的期思別墅已初具規模，只要稍加增建即可入住。此外，自從辛棄疾發現瓢泉之後，經常抽出時間到那裡小住，那裡的環境某些方面比帶湖還要略勝一籌。

於是，辛棄疾舉家遷往鉛山的瓢泉居住。

繼上饒帶湖之後，多年的瓢泉隱居生活開啟。一個曾經叱吒疆場的將領，一個勵精圖治的官員，一個抱打不平的志士，一個志在恢復故國的愛國將領，從此偃旗息鼓、心平氣和地在這一片青山綠水間安靜下來，訪親會友，吟風弄月，宴飲歡聚，寫詩填詞。

宋朝的婚姻制度允許納妾，官宦和富豪人家的男子除娶正房之外，多納有數目不等的小妾。這些小妾有的來自良家，有的是從丫鬟收納而來，也有個別來自宋朝發達的風月場所。詩人向來屬於多情人，辛棄疾自然也不例外，加上他的官員身分，生意上因經營有方而收入豐厚，除夫人范采蘋外，還收有幾房小妾。

隨著年齡漸長，身體逐漸衰弱，再加上心情沉悶，幾個小妾中，有的被他送人，有的被送回原籍，除林落茵外，只剩下飛卿、田田、錢錢等，都帶著尚小的子女。辛棄疾一共育有九個孩子，七男兩女，除了前面提到的，還有辛稡、辛褒和辛贛，最小的孩子早殤。「稡」是指莊稼收割後的莖，

「褎」是禾苗漸長的樣子，「贛」是指木質器皿。

現在他們大部分都已長大，有的成家立業，有的在官衙中任職，剩下的幾個孩子和辛棄疾、范夫人一起居住在瓢泉別墅。

在鉛山居住的時間長了，性情豪邁、樂善好施的辛棄疾也交了不少新朋友。

傅為棟是鉛山縣的一位富翁，卻和其他有錢人不一樣，一遇到旱澇災害，總是率先賑濟窮人，因此在當地擁有很好的聲響。因為富有，所以任性，傅為棟經常設宴邀請名人文士，辛棄疾自然是座上常客，談笑應酬，不亦樂乎。

趙蕃是一位小有成就的詩人，他的詩曾受到楊萬里、朱熹的稱讚，為人淡泊名利，曾在外做過小官，後隱居鉛山。

還有一位吳紹古，是陸九淵的學生。辛棄疾移居瓢泉時，他正是鉛山的縣尉，經常和辛棄疾飲酒作詩，酬唱應答，尋古訪幽。即便是他離開鉛山之後，兩個人的交往也沒有中斷。

但辛棄疾念念不忘的，當然還是那些志同道合的老朋友。

此時，朱熹已成為一位大儒，名聲遍及朝野上下。在南宋，大批知識分子因為受到朝廷偏安狀態的影響，其收復中原的志向得不到舒展，只能轉而向身心修養和道德建構方面

# 第十二章 心意通大儒 世事總無常

求尋答案，朱熹的追隨者也就越來越多。但這種情況，卻是朝廷所不願意看到的。

在朝中，韓侂冑因擁立宋寧宗趙擴即位有功，官至太師、平章軍國事，位極人臣。他將右相趙汝愚視為自己獨攬大權的絆腳石，開始想方設法排擠趙汝愚，誣陷其「倡引偽徒，謀為不軌」，誘使皇帝將他貶為寧遠軍節度副使，謫放永州（今湖南零陵）。趙汝愚對前途預感不妙，就對前來送行的人說：「看樣子，我死了你們才能安全。」慶元二年（西元一一九六年）正月，趙汝愚走到衡州，身體出了狀況，衡州守臣錢鍪受韓侂冑指使，對他百般刁難和折辱，趙汝愚遂於二月二十日暴斃。也有人說趙汝愚是被下毒害死的。

消滅了政治上的勁敵後，再來打擊文化上的對手。

韓侂冑想方設法禁絕朱熹理學，史稱「慶元黨禁」。他擔心朱熹一派在影響上日益擴大，便攻擊他們藉研究學問的幌子施行政治陰謀，將理學定性為「偽學」，並慫恿皇帝大力打擊。不言而喻，朱熹當然是「偽學之魁」。結果，那一段時間，凡是地方向朝廷推薦的官員，一律須先證明這些被薦之人不是「偽學禁黨」，連報考地方鄉試，都必須先說明自己與「偽學禁黨」沒有關聯。

到了慶元三年（西元一一九七年）冬天，朝廷又宣布了一個「偽學禁黨」名單，包括趙汝愚、朱熹、周必大、呂祖

謙、葉適等，共五十九人。這些人裡面，趙汝愚去世近兩年，而呂祖謙則已離開人世十六年。這種陣勢很像北宋末年宋徽宗在蔡京唆使下發起的「元祐黨籍碑」事件，那次「清剿」的主要對像是司馬光和蘇軾。兩者相隔將近一百年，性質和形式卻如此相似，真是歷史重演。

被迫戴上「偽學」的帽子，朱熹的地位一落千丈，他的門徒有的被抓，有的被流放，許多名流官宦一時對他也避之唯恐不及，這位理學大師的武夷精舍變得「門前冷落鞍馬稀」。但是，卻有一個人頂著巨大的壓力，置禁令於不顧，照常與朱熹來往，他就是辛棄疾。

隨著這些年的交流，辛棄疾對朱熹的理論了解得越來越深刻，他曾經由衷稱讚朱熹為「歷數唐虞千載下，如公僅有兩三人」。

慶元四年（西元一一九八年），辛棄疾恢復「主管建寧府武夷山沖佑觀」的名義，他就更是經常藉故到武夷山去和朱熹見面。

慶元六年（西元一二〇〇年），剛剛進入春天，朱熹的足部病情惡化。同時，因為連年操勞，夜以繼日著書立說，他患上嚴重的眼病，此時左眼已完全失明，右眼也快看不見了。然而，他還是要利用剩餘的精力整理著述，筆耕不輟。

到三月初九，七十一歲的朱熹與世長辭。

## 第十二章　心意通大儒　世事總無常

知道朱熹去世，辛棄疾很傷感，即賦了一首〈感皇恩‧讀〈莊子〉聞朱晦庵即世〉：

案上數編書，非莊即老。會說忘言始知道。萬言千句，不自能忘堪笑。今朝梅雨霽，青天好。

一壑一丘，輕衫短帽。白髮多時故人少。子雲何在，應有玄經遺草。江河流日夜，何時了。

而且，這時的辛棄疾更是完全不顧禁令，親自跑到武夷山中悼念朱熹，並大膽揮毫寫下祭文：

所不朽者，垂萬世名。孰謂公死，凜凜猶生！

從武夷山回來之後，辛棄疾大醉了一場。

掐指算來，辛棄疾這一生當中不知道醉過多少次了。

青春年少時，他也曾「漫卷詩書喜欲狂」，熱情似火的酒水點燃過他生命中最初的激情，到後來，他聚義山林，自然會大塊吃肉，大碗喝酒。南渡之後，官場混跡，人情應酬，酒和酒場自然少不了。心情好時，需要燒酒添興；反之，則也需借酒澆愁，哪怕愁上加愁。

山東人愛酒，酒為山東人增加豪爽的氣概；俠客與武士愛酒，酒為英雄增添浪漫色彩；詩人愛酒，酒容易為詩人帶來活躍的靈感。這幾種因素加在一起，使得辛棄疾和酒結下深厚且纏綿的關係，既由來已久，又源遠流長。酒在他的生命中，成為一個須臾不可或缺的精神伴侶。

蘇東坡酒量不大，但也十分喜愛這杯中物，並經常有酒後之作；李清照據說酒量不小，特別是晚年，常常不得已借酒澆愁；辛棄疾也不例外，他生得高大威猛，身材魁梧，從年輕時就酒量過人，加之性情豪爽，一旦見了朋友或者喝到興頭上，常常一發不可收拾，豪飲達旦的情況也不少見。

　　也正因為如此，辛棄疾有不少詩詞都和酒關係密切，其中也不乏名篇，像〈破陣子〉就是代表。

　　他還寫過這樣一首〈鷓鴣天．用韻賦梅。三山梅開時，猶有青葉甚盛，予時病齒〉：

　　病繞梅花酒不空，齒牙牢在莫欺翁。恨無飛雪青松畔，卻放疏花翠葉中。

　　冰作骨，玉為容。當年宮額鬢雲鬆。直須爛醉燒銀燭，橫笛難堪一再風。

　　雖是寫梅花，實則是抒發英雄無用武之地的感慨和無奈。從開始的「酒杯不空」一直到「直須爛醉」，任它一而再、再而三的各種誹謗「陰風」吹過。

　　還有一些詩詞，是辛棄疾在酒席上即興創作的。親朋好友相聚，行行酒令，唱詩和詞，辛棄疾在鵝湖時常都是這樣度過的。到了暮春時分，明知春色難留，那就讓它在酒杯中常駐吧，且看〈錦帳春．席上和叔高韻〉：

## 第十二章　心意通大儒 世事總無常

春色難留，酒杯常淺。把舊恨新愁相間。五更風，千里夢，看飛紅幾片，這般庭院。

幾許風流，幾般嬌懶。問相見何如不見。燕飛忙，鶯語亂。恨重簾不卷，翠屏平遠。

好友辭世，境遇孤絕，悠閒是悠閒，但心中的夙願無法實現，對於辛棄疾這樣的人生勇士，內心深處總有深深的不甘，唯一最有效的宣洩途徑就是飲酒。

這天，辛棄疾又到葛家溪與老友聚會狂飲，一直喝到半夜方回，早已爛醉如泥。第二天醒來時，迷迷糊糊地彷彿還置身於昨晚飲酒的地方。等到他晃徘徊悠站起身來，猛然看到牆壁上有妻子寫的規勸戒酒的〈定風波·大醉歸自葛園，家人有痛飲之戒，故書於壁〉，便被這種親情深深感動：

昨夜山公倒載歸，兒童應笑醉如泥。試與扶頭渾未醒，休問，夢魂猶在葛家溪。

千古醉鄉來往路，知處，溫柔東畔白雲西。起向綠窗高處看，題遍，劉伶元自有賢妻。

朱熹死後，伴隨著一場大醉，辛棄疾再次病倒，心情和身體都每況愈下。從那以後，范采蘋和家裡人就勸他戒酒。他本人也很想戒酒，並向夫人保證絕不再飲酒，甚至寫過戒酒的詩詞。無奈這麼多年來，他和酒結下了深厚的感情，幾天不喝尚可，一旦酒癮來襲，總難以抵擋強大的誘惑。有時

候，他會想到陶淵明，一樣閒散的心情，一樣的戒酒情結，盡在〈鷓鴣天·和昌父〉中：

萬事紛紛一笑中，淵明把菊對秋風。細看爽氣今猶在，唯有南山一似翁。

情味好，語言工。三賢高會古來同。誰知止酒停雲老，獨立斜陽數過鴻。

這麼多年的艱難困苦與頓挫悲傷，他已經歷得太多。

那麼多的皇帝面孔，走馬燈似的在他面前。從高宗、孝宗、光宗再到寧宗，辛棄疾也都見過，也都上疏過，其中有的還會召見他，有的短暫重用過他，有的對他寄予過希望。從二十歲南歸到成為一個六十多歲的年邁老者，現在他才知道，比起收復國土，對皇帝而言，皇權在握更重要，利益豐厚更重要，自身安逸更重要。繼承於數千年的文化傳統和朝廷禮制，龐大的國家利益繫於一人身上，周邊人的訴求，想方設法的曲意逢迎，加上慾望的驅使，人性的限制，利益的困束，都使得皇帝們往往走向背離國家和人民利益的另一方。

當然，他仍然抱有希望，希望皇帝能幡然甦醒，希望大臣們能齊心協力，希望南宋和金國對峙的格局能好轉，所以他一次次踏上征程。然而與以往不一樣的是，現在他有了瓢泉，一旦在外受到打擊，他都不會像以前那樣痛苦憤恨，乃至絕望。

## 第十二章　心意通大儒 世事總無常

　　也就是在這裡，辛棄疾經過多年創作歷練後，其詩歌思維日益成熟活躍，經常有靈感來襲，一陣風，一棵草，一句話，一聲山歌，一個眼神，一個場景，一場雨，都能給詩人帶來不一樣的感覺。

　　從瓢泉往西不遠就是鵝湖，離開期思居，過蘆河，再往西，就踏上了那條官道。他曾經從那裡出發，又從那裡回到溫暖的家，他晚年靈魂的居所，一位千古詩人的「故鄉」。

　　然而，隨著自然和命運的規律，很多事物和人正在漸漸離他遠去。

　　南宋嘉泰元年（西元一二〇一年）的春天，七十六歲的辛忠去世。從靈岩寺舉義直到帶湖和瓢泉，辛忠跟在辛棄疾身邊，長達四十年之久，從並肩作戰到官場參謀，從家族管理到貿易經營，辛忠都任勞任怨，無怨無悔。可以說，在辛棄疾的一生中，辛忠的陪伴彌足珍貴。兩個人雖然地位有別，但這麼多年的不離不棄，他們已經建立起和親人一樣的深摯感情。辛忠的離去，使得辛棄疾傷心了好長一段時間。

　　到了這年秋天，六十一歲的范采蘋得了重病，不久就去世了。從南渡之初和范采蘋相遇結婚，兩個人相伴已經三十多年，卻也是離多聚少。范采蘋知書達理，凡是他想做的，夫人都給予鼓勵，一旦落魄失意，她總是關心備至。尤其是到晚年，收復中原的願望一年年落空，辛棄疾已經無心於政

治抱負而全身心回歸田園，夫人更是寸步不離陪伴左右，安心家務，相夫教子，沒有一日清閒。

現在，夫人先他而去，那種悲痛無法用語言形容。

將夫人安葬於陽原山中，辛棄疾一整個月都覺得茶飯無味，做什麼都沒有精神，在瓢泉各處走動，總會恍惚間看到夫人忙碌的身影。有時候在書房待久了，覺得夫人來呼喚的時候就要到了，又忽然打一個顫慄，發現夫人已經辭世多日，一行老淚從辛棄疾的眼角緩緩淌下。

# 第十二章　心意通大儒 世事總無常

# 第十三章
## 山中看陸游 江邊神州望

# 第十三章　山中看陸游 江邊神州望

　　辛棄疾曾在詩中寫道：「此身忘世渾容易，使世相忘卻自難。」

　　韓侂胄成為權相之後，其勢力已經穩固，環顧四周，基本上沒有什麼太大的威脅，皇帝趙擴對他言聽計從。韓侂胄當年一手推動、針對朱熹嚴苛又殘酷的「偽學禁黨」到現在開始稍微鬆動，趙汝愚也隨之被平反。

　　為了獲取更大的功績，進一步確立自己的地位，也是為能夠名垂青史，韓侂胄在別人的鼓動下，開始打起抗金復國的主意。如此這般，前朝曾經被排斥的一些主戰官員漸漸被重新起用。比如陳賈被委任為兵部侍郎，抗金名將吳挺已於十多年前去世，其子吳曦被任命為四川宣撫副使。也就是在這種情況下，一直作為主戰派代表人物的辛棄疾再次回到他們的視野之內。

　　嘉泰三年（西元一二〇三年）六月，辛棄疾出任紹興知府兼浙東安撫使，這一年，他已經六十三歲。辛棄疾在浙東安撫使任上總共也就半年的時間，除了和過去一樣盡職盡責，上任後不久，就悄悄來到紹興鑑湖三山西村，拜訪了一位久聞其名、敬仰多年的老詩人。

　　這個人叫陸游。

　　陸游字務觀，號放翁，南宋文學家，越州山陰（今浙江紹興）人，生於北宋宣和七年（西元一一二五年）。當時，

陸游之父陸宰奉詔進京，攜妻坐船走水路，舟行於淮河之上，妻子生下第三子，因而取名陸游。他從少年時代開始，就受到愛國思想的浸染。宋高宗時，二十八歲的陸游參加科舉，不巧的是與秦檜的孫子同期，便受到秦檜的極力排斥。一直到秦檜死後，陸游才得以入仕，曾歷任福州寧德縣主簿、隆興府通判等職。後陸游上疏，建議整飭吏治軍紀，徐圖中原。這時候宋孝宗在宮中取樂，陸游的建議沒有被重視。陸游得知後告訴大臣張燾，隨後張燾入宮質問，孝宗遂罷陸游為鎮江府通判。南宋乾道元年（西元一一六五年），陸游調任隆興府通判。又有人進言陸游「結交諫官，鼓唱是非，力說張浚用兵」，朝廷隨即罷免了陸游的官職。乾道七年（西元一一七一年），陸游又任職於南鄭幕府，隨軍來到川陝一代，親臨宋金前線，並提出收復中原的〈平戎策〉：「收復中原必先取長安，取長安必先取隴右。」後陸游又奉詔入蜀，與范成大相知。宋光宗即位後，陸游升為禮部郎中兼實錄院檢討官，不久因「嘲詠風月」罷官，歸居故里。

淳熙十三年（西元一一八六年）春，陸游已經在老家隱居六年，這一年，六十一歲的陸游於沉鬱悲憤中寫下傳世詩作〈書憤〉：

> 早歲那知世事艱，中原北望氣如山。
> 樓船夜雪瓜洲渡，鐵馬秋風大散關。

# 第十三章　山中看陸游 江邊神州望

塞上長城空自許，鏡中衰鬢已先斑。
出師一表真名世，千載誰堪伯仲間！

陸游的詩名還得益於他年輕時寫下的一首〈釵頭鳳〉，描寫他和表妹唐琬間淒美的愛情,：

紅酥手，黃縢酒，滿城春色宮牆柳。東風惡，歡情薄。一杯愁緒，幾年離索。錯，錯，錯！

春如舊，人空瘦，淚痕紅浥鮫綃透。桃花落，閒池閣，山盟雖在，錦書難託。莫，莫，莫！

嘉泰二年（西元一二〇二年），朝廷詔陸游入京，擔任同修國史、實錄院同修撰一職，主持編修孝宗、光宗《兩朝實錄》和《三朝史》，官至寶章閣待制，書成後，陸游又辭官而去，長期蟄居山陰老家。

陸游在詩、詞、文三個領域均獲得很高的成就，同是南宋愛國詩人的劉克莊就曾經拿陸游和辛棄疾做過比較：「激昂慷慨者，稼軒不能過。」陸游創作頗豐，其《劍南詩稿》收詩九千餘首。

辛棄疾來看陸游時，陸游已經七十八歲高齡了。

辛棄疾和陸游不僅都是主戰派的愛國詩人，而且，兩個人的政治主張和官場經歷，也頗多相似之處。作為晚輩，辛棄疾對陸游一直心存敬意，引為同仁。而陸游很早就知道辛棄疾在北國的傳奇經歷，又十分嘆服辛棄疾的詩詞創作

才華，兩位詩人雖然相差十五歲，卻一見如故，惺惺相惜，自然傾心深談，共議國事。除了交流官場與朝廷裡做官的體驗、得失，更針對當下朝廷和韓侂冑即將興兵伐金交換觀點。

在帶湖和瓢泉隱居的這些年，辛棄疾利用人脈讓辛忠兼做一些生意，有些額外的收益，手頭算是比較富裕。這次，辛棄疾見陸游隱居的家園局促簡陋，好幾次提出要幫他買地建田舍，都被陸游拒絕了。為此，陸游還專門給辛棄疾看他寫下的那首〈草堂〉：

> 幸有湖邊舊草堂，敢煩地主築林塘。
> 漉殘醅甕葛巾濕，插遍野梅紗帽香。
> 風緊春寒那可敵，身閒晝漏不勝長。
> 浩歌陌上君無怪，世譜推原自楚狂。

知道了陸游的心情，看到老詩人決絕的態度，辛棄疾只好作罷。

從那以後，辛棄疾一有空閒，就來山陰看望陸游，兩顆偉大的心靈能夠在那個時代相遇相撞，真可謂大幸之事。

嘉泰三年（西元一二〇三年）年底，辛棄疾奉召入朝。臨行前，辛棄疾又來到山陰跟陸游依依惜別。陸游專門贈長詩〈送辛幼安殿撰造朝〉，希望他能為國效力：

> 稼軒落筆凌鮑謝，退避聲名稱學稼。
> 十年高臥不出門，參透南宗牧牛話。

## 第十三章　山中看陸游 江邊神州望

功名固是券內事，且葺園廬了婚嫁。
千篇昌谷詩滿囊，萬卷鄴侯書插架。
忽然起冠東諸侯，黃旗皂纛從天下。
聖朝反席意未快，尺一東來煩促駕。
大材小用古所嘆，管仲蕭何實流亞。
天山掛斾或少須，先挽銀河洗嵩華。
中原麟鳳爭自奮，殘虜犬羊何足嚇。
但令小試出緒餘，青史英豪可雄跨。
古來立事戒輕發，往往讒夫出乘罅。
深仇積憤在逆胡，不用追思灞亭夜。

他將辛棄疾與管仲、蕭何相比，足見對其評價之高。陸游還為辛棄疾的境遇鳴不平，認為朝廷對他的任用完全是大材小用。陸游沒有忘記囑咐辛棄疾，如果哪一天擁有收復故國的機會，希望他能不計前嫌輔佐韓侂冑北伐，全心全意投入驅除女真的事業中。

詩歌是詩人內心願望的直接抒發，而贈詩則是詩人表達心意的最高禮節。可以看出來，在陸游心中，辛棄疾不僅才華橫溢，而且可堪重任。

有人說，有趣的靈魂總會相遇。這句話適用於辛棄疾與陸游，同樣也適用於他和另外一個詩人，那就是姜夔。

姜夔生於南宋紹興二十四年（西元一一五四年），字堯章，號白石道人，饒州鄱陽（今江西鄱陽縣）人，南宋文學

家與音樂家。他從小家境貧困，多次科舉考試未中，靠賣字和朋友賙濟為生。姜夔多才多藝，對詩詞、散文、書法、音樂，無不精通。他的詩詞優美卓越，感傷憂憤，清麗婉轉，獨具一格，兼有「清空」和「騷雅」之風。有人說他的清空出自蘇軾，騷雅脫胎於辛棄疾。實際上，姜夔的詩詞作品對蘇軾和辛棄疾都有所繼承，尤其是將兩人開創的引詩、濟詞、以文為詞的方法進一步發揮。楊萬里對他的歌詞讚賞不已，稱他「為文無所不工」，還專門把他推薦給范成大。而范成大認為姜夔的作品高雅脫俗，有嵇康、阮籍等人的風範。

　　也難怪這些大家對姜夔都如此賞識，他還在二十二歲的時候，就寫下過流傳於世的名篇〈揚州慢‧淮左名都〉：

　　淮左名都，竹西佳處，解鞍少駐初程。過春風十里，盡薺麥青青。自胡馬窺江去後，廢池喬木，猶厭言兵。漸黃昏，清角吹寒，都在空城。

　　杜郎俊賞，算而今，重到須驚。縱荳蔻詞工，青樓夢好，難賦深情。二十四橋仍在，波心蕩，冷月無聲。念橋邊紅藥，年年知為誰生？

　　此外，姜夔還是一位技藝高超的音樂家，在繼承古代民間音樂基礎上，對詞調音樂的格律、曲式結構及音階的使用有新突破，能嫻熟運用七聲音階和半音，形成清新雅緻的獨特風

## 第十三章　山中看陸游 江邊神州望

格。在南宋的瓦舍勾欄，時常都能聽到歌女唱誦他的音樂和詩詞，有人譽之為「裁雲縫霧之構思，敲金戛雲之奇聲」。

這段時間，姜夔正好在紹興隱居。辛棄疾本來對他的詩詞就深為喜愛，所以一來到紹興，就專程去拜訪他。兩個人有時相約同遊，寄情山水，有時互相酬唱，切磋詩藝，交往甚多。

嘉泰四年（西元一二○四年）三月，臨安（今杭州）發生一場火災，連尚書省、中書省、樞密院等機構都被燒到，三千多民房被焚燬，姜夔在臨安的屋舍和藏書被盡數燒光。此時，救濟他的朋友已逝去，他再次失去經濟來源，生活難以為繼，儘管已經六十多歲了，卻仍然不得不為生計奔波。

與姜夔相比，辛棄疾的淒涼卻更深。

臨安大火前後，辛棄疾回到臨安，再次受到寧宗皇帝的召見。此時，金世宗完顏雍已於幾年前去世，完顏璟繼位，是為金章宗。金章宗繼位頭幾年還算朝政清明，被稱為「明昌之治」。到了後期，黃河泛濫、改道，中原災禍不斷，金國國力受到嚴重影響。加上蒙古部落漸漸崛起，金國處處受到擠壓。在朝廷內部，完顏璟慢慢失去當初的開明與睿智，開始沉迷酒色並寵信奸臣胥持國，漸漸失去人心。

對金國的運勢，韓侂冑在大局上的判斷有一定的道理。但是，他主張北伐更多是出於撈取政治資本的私心，動機不

純，而且他過度輕視金國兵力，同時忽略了南宋軍事力量薄弱的現實。

寧宗皇帝召見辛棄疾，主要圍繞著北伐的問題展開。

經過幾十年的仕途生涯，辛棄疾已過耳順之年，雖不能說心如止水，但的確對一切變故都能處之泰然。在與皇帝面對面的交談中，他坦誠相向。他認為金國必亂必亡，北伐復國勢在必行，但收復之戰是一項大工程，其過程相當複雜，絕不可能一蹴而就。他還委婉地建議皇帝，要把率領軍隊的重任交給那些經驗豐富的宿將名臣。特別是最後這條建議，辛棄疾的言外之意已非常明顯，如果在抗金滅金的大業上一味倚重韓侂胄這樣不懂打仗的權臣，就未必能夠如願。

也不知皇帝沒有聽明白辛棄疾的深意，還是乾脆繼續裝糊塗，召見歸召見，卻還是按照原來的思路做事。

之後，辛棄疾升職為寶謨閣待制，另外還加上一個提舉佑神觀的虛職，卻免去了他浙東安撫使的職務。

就在臨安城那場大火之後不久，辛棄疾又被任命為鎮江知府。

鎮江位於長江三角洲西段，古稱「潤州」，是著名的江南魚米之鄉，范仲淹、沈括都曾在此居住過。這裡北鄰長江，雖然距淮河前線還有一段路程，但在過去也經常成為宋金戰爭的拉鋸地帶。這裡還是辛棄疾的岳父范邦彥的老家。

## 第十三章　山中看陸游 江邊神州望

　　鎮江還有一位辛棄疾的年輕朋友劉宰。劉宰也是一位卓有成就的詩人，辛棄疾隱居上饒時期，他曾經在那裡做官。知道辛棄疾入主鎮江，劉宰非常高興，寫給辛棄疾一封賀信，說他「卷懷蓋世之氣，如圯下子房；劑量濟時之策，若隆中諸葛」。

　　西元一二〇五年，宋寧宗趙擴為圖吉利，特意將年號慶元改為開禧。

　　儘管始終無法進入韓侂胄北伐的核心陣營，儘管對那些阿諛逢迎的人沒什麼好感，但辛棄疾一來到鎮江，站在長江邊上感受著陣陣威猛的江風吹拂，隱隱約約嗅著戰爭的氣息，仍然禁不住胸中豪情澎湃。朝廷如果真的打響收復故土的戰爭，只要有機會，辛棄疾肯定不會袖手旁觀。

　　到鎮江任上，他立即發揮自己擅長的情報工作，分別派出幾路探子向北渡過淮河，深入金人統治區獲取有用的資訊。同時，他還打算在長江和淮河之間的地域裡，徵募一萬精兵，以備戰時所需。

　　那一段時間，除了正常的公務，辛棄疾經常坐轎或者騎馬來往、逡巡於長江沿岸，思索即將到來的北伐戰爭和國家未來局勢的走向。

　　鎮江東北的長江南岸有一座山，叫京峴山。當年抗金名將宗澤的夫人病逝，宗澤就將她埋葬在此處的陳家灣，並賦詩一首：「一對龍湖青眼開，乾坤倚劍獨徘徊，白雲是處堪

埋骨，京峴山頭夢未回。」幾年後，六十九歲的開封留守宗澤因無力匡扶故國含恨而去，全城官民聞悉後均痛哭不止。隨後，他的愛將岳飛和兒子宗穎一起扶柩至鎮江，將其與夫人陳氏合葬於京峴山麓。辛棄疾到鎮江任職後，曾專門來此拜謁這位愛國名將與抗金前輩。

京峴山西北不遠處，還有一座山，也緊鄰長江，叫北固山。山上矗立著一座古老的亭子，為東晉重臣河南人蔡謨所建，稱北固亭，或北顧亭，又叫凌雲亭、摩天亭或天下第一亭。

開禧元年（西元一二〇五年）五月的一天，辛棄疾處理完一天的公事，又一次來到北固山，立於北固亭下，眺望著江北一望無際的沃野，揚州城的影子模糊在望。此時正是夕陽西下，六十六歲的辛棄疾一陣心潮湧動。南歸的歲月如在眼前，四十三年的時間恍然飛過，當年的翩翩少年如今白髮蒼蒼，復國之路前途未卜。

想到這一切，他的思緒飛越時空，連接起蒼茫無限的歷史往事，金戈鐵馬，烽煙滾滾，成敗得失，一一歷數。一陣濃烈的詩意襲來，一首流傳後世的名作〈永遇樂・京口北固亭懷古〉就此誕生：

千古江山，英雄無覓，孫仲謀處。舞榭歌臺，風流總被，雨打風吹去。斜陽草樹，尋常巷陌，人道寄奴曾住。想當年，

# 第十三章　山中看陸游 江邊神州望

金戈鐵馬，氣吞萬里如虎。

元嘉草草，封狼居胥，贏得倉皇北顧。四十三年，望中猶記，烽火揚州路。可堪回首，佛貍祠下，一片神鴉社鼓。憑誰問：廉頗老矣，尚能飯否？

辛棄疾的詞有一個明顯的特點：雖然通俗易懂但仍善用典故，這首詞就是一個典型。

鎮江曾經是南朝劉宋開國皇帝劉裕住過的地方，他的小名叫寄奴。劉裕曾經指揮著千軍萬馬，馳騁疆場。到他兒子宋文帝劉義隆，情況就完全變了。劉義隆為繼承父親遺志，曾三度出師北伐，都無功而返，甚至引狼入室，反導致北魏長驅直入，飲馬長江。而打敗劉義隆的北魏太武帝拓跋燾，他的字是佛貍，曾經揮斥方遒，屢敗其他北方少數民族大軍，後來他擊敗劉義隆時，還在長江北岸江蘇六合縣東南的瓜步山上建立行宮，也就是後來的佛貍祠。

這些巧妙鑲嵌在詞裡的歷史人物和故事，簡直就是對即將發動北伐的南宋所說出的警示箴言。

除了說北伐，辛棄疾還不無傷感地說到自己。四十三年前，他率領山東忠義軍從山東殺回南宋時，經歷過揚州的硝煙戰火，一切如在昨日，如在眼前。但現在自己的確已經老了，就像當年的廉頗一樣。

廉頗和藺相如的故事為人熟知，但廉頗的結局卻少有人

聞聽。廉頗後來受人讒言，不被趙王重用，被迫去了大梁（今河南開封），魏王雖然收留了他，卻對他並不完全信任。趙王很想再任用廉頗，他也想回去為國效力。後來趙王派使者帶著一副名貴的盔甲和四匹快馬到大梁去慰問廉頗，看他是否還能打仗。仇人郭開唯恐廉頗受到重用，便暗中賄賂使者，唆使他編造廉頗的壞話。廉頗在趙國使者面前吃了一頓飯、一斗米和十斤肉，還專門披甲上馬，展示英姿。但那個使者回去後卻向趙王報告說：「廉將真的老了，雖然食量還很大，可是沒過多久就上了三次廁所。」

廉頗就這樣失去再次被任用的機會，再後來，他又到了楚國，也沒再有什麼建樹，最後，以八十多歲的高齡孤獨寂寞地死在楚國的壽春（今安徽壽縣）。

辛棄疾的意思已經非常明白，如果廉頗活到現在，會不會有人來探問他食量與身體如何，還能不能率兵打仗呢？

原來，在辛棄疾的內心深處，一直都埋藏著一個「封狼居胥」的夢 —— 去獲得一個武將的最高榮譽。當年，爺爺辛贊替他取名的時候，就想到過這一點。「棄疾」不僅僅是要遠離疾病，更是要他能夠像霍去病那樣建功立勛。在他心中，那個「廉頗」永遠不老。

然而，就是這樣一首詞，為辛棄疾晚年的命運變化埋下了一個轉折的伏筆。

# 第十三章　山中看陸游 江邊神州望

# 第十四章
## 瓢泉倦心安 鉛山遺恨長

# 第十四章　瓢泉倦心安 鉛山遺恨長

　　開禧元年（西元一二○五年）六月，就在辛棄疾寫下〈永遇樂・京口北固亭懷古〉後不久，朝廷往前線各處派駐軍隊準備北伐之時，卻一紙任命將辛棄疾調離鎮江，改任隆興（今江西南昌）知府。鎮江本來就不算是真正的前線，而隆興在鎮江西南一千多里地以外，就更是大後方了。然而，辛棄疾還來不及上任，韓侂冑一派的言官又開始拼命彈劾他，說他「好色，貪財，淫刑，聚斂」，皇帝聽信，乾脆直接將他罷免。

　　這些突如其來的變化，應該與〈永遇樂・京口北固亭懷古〉一詞有關。韓侂冑本來要以北伐建立不朽功勛，辛棄疾卻在詞裡拿出南朝皇帝劉義隆北伐失敗的歷史警告，列出北魏太武帝拓跋燾祠廟的荒涼諷刺，這是他們和皇帝本人都無法接受的。而且，這時候辛棄疾的詞名在整個南宋已經名聞遐邇，此篇一出，很快就四處流傳。

　　這一年的秋天，辛棄疾回到鉛山。和以往不一樣的是，這次歸來，辛棄疾再也不打算離開。

　　西元一二○六年初，皇帝再次任命辛棄疾為浙東安撫使，辛棄疾已經完全看清楚宋金對抗的大局走勢，不願意再去蹚這一池渾水，就上書堅決推辭了。

　　也就是在這個時期，在蒙古草原，鐵木真經過多年的努力開拓，正式宣布建立大蒙古國，尊號成吉思汗。

到了五月，在韓侂胄的主導下，南宋貿然發動北伐。山東京東招撫使郭倪派兵攻泗州（今安徽宿州），建康府都統制李爽率部攻安徽壽州，江陵府副都統制皇甫斌攻河南唐州，江州都統制王大節攻河南蔡州。

剛開始，宋軍出師還算順利，先後收復泗州、華州（今陝西渭南）等地，連年邁的陸游聽到這些消息，都欣喜若狂。朝堂上下也一片欣喜。然而，很快宋軍就遭到金軍大反撲，除了鎮江副都統制畢再遇連戰皆捷外，幾支進攻路線上都遭受挫敗，金軍乘勝分幾路南下。四川宣撫副使吳曦叛宋降金，割讓所轄四州給金國。

眼見在這麼短的時間內就大勢已去，南宋只好再次向金人求和。但是，這次金人開出的價碼很高，除了稱臣割地，還要求南宋懲辦發動戰爭的首要人物。

南宋經過多年的黨禁與徹底清洗「偽學」之名的知識分子，加上韓宰相獨斷專權、蒙蔽皇帝已久，大部分的異己力量都被逐出臨安，朝廷已無人可用。

無奈之下，他們想到了半年多前憤而回到江西鉛山隱居的辛棄疾。這時候，他已在鉛山瓢泉隱居十年。

到了年末，六十七歲的辛棄疾被任命為龍圖閣待制，知江陵（今湖北荊州）府。按照當時的慣例，新官上任之前要先到臨安與皇帝見面，陳述自己的心聲與策略。龍圖閣待制

## 第十四章　瓢泉倦心安 鉛山遺恨長

是南宋一個榮譽官位，一般在起草詔令的知制誥之下，從四品，兼任的江陵知府倒是個實職。這時候，辛棄疾從鎮江知府任上次到鉛山已一年有餘，之前的草率任用與隨意罷官，早已使得他心灰意冷，加上年齡漸老，辛棄疾行動多有不便，腹部與腿部的頑疾偶爾發作，精力明顯不濟。

外部戰事不順，宮廷內部的戰爭卻變本加厲。前不久才經歷失敗的皇帝雖然表面上仍支持韓侂胄再戰，心裡卻早已存有不滿，開始悄悄傾向主和派，光復之念敲響退堂鼓。剛剛回到臨安的辛棄疾，對於這一切看在眼裡，憂在心中。

皇帝的猶疑與徘徊自然表現在對人事的安排上。被任命為江陵知府的辛棄疾還來不及上任，朝廷又變了，將他改任為兵部侍郎。這本是個相當於國防部副部長的官職，看上去也算比較重要，又是在戰時。但實際上，在宋寧宗時，兵部完全受制於樞密院，沒有多少實質性的權力。辛棄疾心裡十分明白，之前韓侂胄決定北伐時本就想鰲頭獨占，擔心有人分走功勞，並未將辛棄疾納入光復中原的主要陣營，而是啟用一批他所親近的無德無才、膽小如鼠之輩，後來的戰事一開隨即全線潰不成軍，就是明證。現在，敗局已定，皇帝心冷，需要有人來支撐危局，或者是擔當替罪羊的角色，他才想到辛棄疾。這次回到臨安後，辛棄疾徹底看透了韓侂胄的處境和用意。韓侂胄試圖透過北伐挽回名聲，同時也為了打

擊朝中的政敵，重獲皇帝的倚賴，在出師不利的情況下，在一片激烈的反對聲中，仍然執意再戰，完全不顧生靈塗炭和國家的軍事、財政狀況。

回到京城的辛棄疾，看到如此現狀，先前心裡懷抱著的一線希望也隨之破滅。當朝廷派人把改任他為兵部侍郎的詔書送達辛府時，辛棄疾早已下定堅辭不受的決心。面對樞密院來使，他語氣堅定地說：「侂冑豈能用稼軒以立功名者乎？稼軒豈肯依侂冑以求富貴者乎？」

同時，辛棄疾還迅速擬寫一分簡短的辭呈，交付使者。朝廷很快傳來回信，皇帝不接受他的辭呈。辛棄疾不敢怠慢，立即再次擬寫了一分辭書，懇切地表達了自己多病纏身，走路都很困難，恐有誤社稷重事。

這一次，皇帝准許了。

開禧三年（西元一二○七年）夏天，辛棄疾滿懷憂傷地離開杭州，一路乘船騎馬，向著已然成為他「故鄉」的鉛山瓢泉奔去。這時候，北方的戰事還沒有完全停歇，南宋軍隊吃敗仗的消息和朝裡戰與和兩派戰爭消長的情狀不斷傳往南方。

也許真的是老天不長眼，這年春夏之交，南方災情不斷。大旱從五月分就瀰漫南國，皇帝都親自到郊外的祭壇祈雨。沒想到還真的有用，很快大雨就來了。但更沒想到的

## 第十四章　瓢泉倦心安 鉛山遺恨長

是，大旱之後卻是大澇，災害一直持續到這年底。長江沿岸的州郡都被大水淹沒，百姓屍橫遍野，民生凋敝。辛棄疾從杭州一路回到江西，目睹了浙南與贛東的災情慘狀，再聯想到國家這些年的發展態勢，金朝對北國的奴役已經八十年了，而南宋朝廷似乎一直都有北伐的念頭，可條件從來都沒有真正成熟。實際上，偷安的想法似乎總是占上風。

想到這些，辛棄疾心中的悲憤與失落就愈加沉重。

回到鉛山不久，辛棄疾就染上了重病，很久都沒轉好。現在生命衰敗至這種地步，和國家的形勢十分相似，他的脾氣也開始變得暴躁，有時難免會發些無名之火，甚至對身邊人惡語相向。家人看到他這個樣子也都急在心裡，卻束手無策。

辛棄疾的腰身已有些佝僂，臉頰眼角也有了不少皺紋，步履也變得緩慢，歲月的更迭和命運的蹉跎在他身上留下了深淺不一的印跡，只有眼神還像原來那麼明亮。

這天早晨，太陽已經很高，剛剛起床的辛棄疾禁不住連著嘆了幾口長氣，一行老淚順著面頰緩緩流淌下來。

此時正是秋天時節，瓢泉的水很豐沛，隔著老遠就能聽到潺潺的流水聲。半小時後，一臺坐轎來到門前。起床後，感覺身體與往日比有明顯好轉，辛棄疾就忽發奇想，要到鵝湖書院走一趟。自從安居鉛山瓢泉以來，辛棄疾去過無數次

鵝湖書院，到那裡讀書、會友、喝茶，還在那裡陪過摯友陳亮。而最近因為身體不好，好久沒有去那裡了。

和從前的熱鬧相比，鵝湖書院冷清了許多。鵝湖書院是辛棄疾最喜歡來的地方，這裡的悠遠意境和濃郁的書香都強烈地吸引著他的身心。

儘管已經是秋天，鵝湖卻依舊山色青蔥，絲毫沒有北國深秋的淒涼，反而呈現出清涼的仙境風光。在鵝湖書院的院子裡，他流連徘徊。秋風吹過竹林，吹過樹梢，吹動他的衣襟，過去的許多情景在他腦海裡閃過。

從鵝湖書院回到家中，已經臨近中午，一進家門，辛棄疾就看見了朝廷的使者。

皇帝趙擴又想到了他。

因為和金國的停戰談判一直不順，南宋負責交涉的官員總是在換，卻始終沒有達成協議。有些條件不斷修改，可金國死死咬住一點，那就是一定要看到發動這次北伐戰事的韓侂冑宰相的首級。寧宗皇帝當然不會立刻答應這個條件。但在他內心，對韓宰相的信任已大減。

韓侂冑任相以來，在寧宗皇帝盲目信賴與縱容下，大量任用無才無德的親信。現在國家又到了用人之際，皇帝環顧左右，實在沒有什麼人可堪重任，於是，他就又想起了辛棄疾，要任命他為樞密都承旨。這可是非常重要的職位，主要

## 第十四章　瓢泉倦心安 鉛山遺恨長

負責傳達皇帝命令與管理樞密院內部事務，並監察樞密院中低級官員。

而且，來者還說，皇帝的意思，是要他即刻啟程赴臨安上任。

但是，這一次，辛棄疾只能再次堅辭不受。

即使是廉頗，也有真正老去的那一天。

朝廷使臣的背影消失在瓢泉別墅的門口，厚重的大門徐徐合上，院子裡的光線明顯暗了一下。

拄著拐杖，被人攙扶著站在屋簷下的辛棄疾，望著大門的方向，目光久久不動。就像他所處的這個時代一樣，不管是無力的白晝還是漫無邊際的黑暗，時間就像一層大幕，從來沒有如此沉重地籠罩住他的身心。

此刻，他突然有一種明顯的預感，上天留給他的時間已經不多了。

那天從鵝湖書院回來，送走皇帝的使者後，辛棄疾再次病倒，從那以後，一直沒能好轉。

時間進入農曆九月，南方的天氣也越來越涼。久臥病床的辛棄疾已經很少下地活動，每天的食量也越來越小。

到了九月初十，辛棄疾的狀態變得越來越不好，一下昏迷，一下清醒，連粥也很難下嚥了。

辛棄疾的意識開始模糊，有人呼喚他，他只是微微睜開

眼睛，好像沒有更多的力氣來回應。

臨近黃昏的時候，窗外的風也越來越大，又一個南國的夜晚在不安中提前降臨。不久，一場傾盆大雨不期而至。

兩眼瓢泉已經滿溢，此時正匯聚著大量的雨水，迅疾地向外流淌，不斷捲起浪花，匯入不遠處的溪流中。大雨持續了很長時間，雷電交加，竹林在狂風中發出嘩嘩的聲音，聽上去像是千軍萬馬在鳴叫，在行進，在廝殺。

辛棄疾魁梧的身體蜷縮在床上，他徐徐睜開眼睛，久久盯著屋頂。一晃而逝的閃電將窗外漆黑的山體照得通亮，旋即又黯淡下去，辛棄疾偶爾會看看那裡。

從鵝湖書院到上饒帶湖別墅，從建立飛虎隊的長沙到討伐反叛茶商的贛州，從遼闊的楚天吳地到茫無際涯的北方沃野，一幅幅畫面從眼前倏忽出現消失。接著是一張又一張熟悉的面孔，朱熹、陸游、陳亮、呂祖謙、葉衡、姜夔，他們的臉都帶著不同的笑意。然後是皇帝，寧宗、光宗、孝宗、高宗，好像每一次召對都使得他充滿希望，但每一次又都一樣，只是走走過場。現在，他們的臉不斷地聚集在一起，好像是同一張臉。然後一陣風吹過來，這張臉也灰塵一樣散發而去。還有一座座城市和一道道巷陌，鎮江、福州、紹興、揚州、臨安、建康等等，那裡的南國美景和吳儂軟語，彷彿重新籠罩並吸引著他。

## 第十四章　瓢泉倦心安 鉛山遺恨長

　　又一道閃電掠過，辛棄疾的眉頭稍微皺了一下。

　　他看見了長江，看見了淮河，也看見了黃河。他似乎看見了年輕的自己，正騎著一匹風一樣的駿馬，奔馳在祖國遼闊的大地上。也許他在南歸，奔向曾經寄予美好希望的朝廷。也許他在北返，在那些去抓捕張安國的駭黑夜晚。或者，他正歸心似箭地奔跑在歸鄉的路途中。離開家鄉濟南四十五年了，他再也沒有回去過。那裡生活著他的同鄉，那裡埋葬著他的先人，那裡有他童年和少年的回憶。在北返的途中，他還看到了亳州，少年的他坐在教室裡，大聲念誦著古詩。他還看到了開封，看到了鐵塔和龍亭，看到在那裡安居樂業的北宋子民。

　　實際上，對於辛棄疾而言，他傾其一生的努力，都在做著一個北返的大夢。他既想早日回到家鄉濟南，更想早日回到大宋曾經的都城開封。可悲的是，他的後半生卻一直生活在這場大夢之外。

　　最後，他看見了濟南。看見了華山、千佛山，看見了趵突泉、大明湖，看見故鄉四風閘村，村頭的那口老井還靜靜地等在藍天下面，龍泉寺那兩棵高大的銀杏樹彷彿在向他頻頻招手。

　　爺爺辛贊從官轎裡下來，慢慢地向他走近。父親辛文郁彎下身來伸開雙臂要擁抱他。母親的臉緩慢地貼近著，就像

是一輪明月要將他的身心照亮。他好像重新回到靈岩寺山中，回到東平城外，旌旗搖動，吶喊動天，忠義軍首領耿京騎在高頭大馬上，手持一桿紅纓長槍，向他揮舞著。

突然，他看見了金兵，那些高鼻深眼的異族人，手持各式武器，面目猙獰，成群結隊，惡聲號叫著向他的家鄉撲去，向他的親人撲去……

昏迷已久的辛棄疾猛地睜開眼睛，右手從被子裡伸出來，指著掛在牆上的那把棠溪寶劍，然後在空中用力向下揮動，像是真的有一把劍在他手裡。這時候，人們聽見從他的胸腔裡發出幾聲喊叫：「殺賊！殺賊！殺賊！」

很快，他的手就從床邊無力地垂下，一動不動了。他眼中的光已經徹底熄滅，卻仍盯向那把寶劍。窗外，是南國無邊的黑暗夜空。

一代詞人辛棄疾，滿懷遺恨撒手人寰。

他就像是一顆明亮的星辰，消失在那個陰暗顢頇的年代，消失在那個苟且偏安的朝代，消失在那個對他來說生不逢時的時代。

在辛棄疾離世七十九年前，也就是西元一一二八年七月二十九日，那位發現了岳飛的抗金名將宗澤，在東京（今河南開封）留守期間，曾連續二十多次上書宋高宗趙構，力主還都東京未果，彌留之際的宗澤念念不忘北伐，在連呼三聲

## 第十四章　瓢泉倦心安 鉛山遺恨長

「渡河！渡河！渡河！」後溘然長辭。

看來，面對失國的痛苦和軟弱的人君，英雄的生與死都有著同樣的蒼涼悲壯。

開禧三年（西元一二〇七年）十一月十三日，也就是辛棄疾含恨去世後不到兩個月，宰相韓侂冑在上朝的路上，被楊皇后和史彌遠派人挾持到夾牆裡，活活打死。不久，南宋朝廷為滿足金國提出的條件，將韓侂冑屍體從墳墓中挖出，把首級割下來送給金國，換取簽署《嘉定和議》。原來金國對南宋以叔侄相稱，這次和議中，金國又加了條件，將之改為伯侄。南宋朝廷再次放棄收復故國的念頭，連年號都從「開禧」改成「嘉定」。

死去的沒有得到解脫，活著的還要繼續遭受折磨。

這些不幸的消息不斷傳到紹興山陰，陸游悲痛萬分。

南宋嘉定二年農曆十二月二十九日（西元一二一〇年一月二十六日），八十五歲的詩人陸游也與世長辭。臨終之際，他寫下那首著名的絕筆詩〈示兒〉：

死去元知萬事空，但悲不見九州同。
王師北定中原日，家祭無忘告乃翁。

他和辛棄疾都沒有想到的是，此後，南宋的「王師」再也沒有「北定中原」的能力和機會了。

再之後六十九年，即西元一二七九年，廣東崖山海戰

後，十萬南宋軍民與小皇帝一起跳海殉國，南宋徹底滅亡。

再之後七百多年，當代哲學家馮友蘭說：「稽之往史，我民族若不能立足於中原，偏安江表，稱日南渡。南渡之人，未有能北返者：晉人南渡，其例一也；宋人南渡，其例二也；明人南渡，其例三也。風景不殊，晉人之深悲；還我河山，宋人之虛願。」

濟南人辛棄疾就是在這個「還我河山」的虛願中，度過了慷慨悲歌的一生。不過，也正是這北伐復國的宏願，才成就了他名垂千古的詩詞創作。

電子書購買

國家圖書館出版品預行編目資料

劍膽詩心辛棄疾：抗金名將 × 詞壇巨龍 × 稼
軒居士，從壯志凌雲到退隱山林，一代文學家
的豪情與嘆息 / 趙林雲著 . — 第一版 . — 臺北
市 : 崧燁文化事業有限公司 , 2023.04
面；　公分
POD 版
ISBN 978-626-357-276-8( 平裝 )
1.CST: ( 宋 ) 辛棄疾 2.CST: 傳記
782.8523　112004395

---

## 劍膽詩心辛棄疾：抗金名將 × 詞壇巨龍 × 稼軒居士，從壯志凌雲到退隱山林，一代文學家的豪情與嘆息

臉書

作　　　者：趙林雲
發 行 人：黃振庭
出 版 者：崧燁文化事業有限公司
發 行 者：崧燁文化事業有限公司
E - m a i l：sonbookservice@gmail.com
粉 絲 頁：https://www.facebook.com/sonbookss/
網　　　址：https://sonbook.net/
地　　　址：台北市中正區重慶南路一段六十一號八樓 815 室
Rm. 815, 8F., No.61, Sec. 1, Chongqing S. Rd., Zhongzheng Dist., Taipei City 100,
Taiwan
電　　　話：(02) 2370-3310　　　傳　　　真：(02) 2388-1990
印　　　刷：京峯彩色印刷有限公司（京峰數位）
律師顧問：廣華律師事務所 張珮琦律師

定　　　價：375 元
發行日期：2023 年 04 月第一版
◎本書以 POD 印製